국가공인한자자격시험관리기관시행
교양한자급수시험 대비 수험서
최고의 적중률을 자신합니다!!

한자 자격시험 준3급

교과서 한자어와
연습문제 수록

펴낸곳 | 주식회사 형민사
지은이 | 국제 어문능력 개발원

www.hanja114.org

초판 09쇄 | 2024. 03. 05
펴 낸 곳 | 주식회사 형민사
지 은 이 | 국제어문능력개발원
인터넷구매 | www.hanja114.co.m
구 입 문 의 | TEL.02-736-7693~4, FAX.02-736-7692
주   소 | ㉾100-032 서울시 중구 수표로 45, B1 101호(저동2가, 비즈센터)
등 록 번 호 | 제2016-000003호
정   가 | 16,000
I S B N | 978-89-91325-23-4

- 이 책에 실린 모든 편집 내용에 대한 저작권은 '주식회사 형민사'에 있으므로 무단으로 복사, 복제할 수 없습니다.
- 파손된 책은 바꾸어 드립니다.

한자 자격 시험 안내

01 한자자격시험
- 주 관 : 사단법인 한자교육진흥회
- 시 행 : 한국 한자실력평가원

02 한자자격시험 일시
- 연 4회 실시
- 응시 자격 : 제한 없음

03 한자자격시험 준비물 및 입실 시간
- 접수 준비물 : 기본인적사항, 응시원서, 응시료, 반명함판 사진(3㎝×4㎝ 2매)
- 시험 준비물
  ① 수험표
  ② 신분증(학생증, 주민등록증, 운전면허증, 여권 – 초등학생과 미취학아동은 건강보험증 또는 주민등록등본(복사본 가능))
  ③ 컴퓨터용 펜(7,8급은 연필사용 가능)
  ④ 파란색 또는 빨간색 플러스펜
  ⑤ 컴퓨터용 수정 테이프(※수정액 사용 불가)
- 고사장 입실 시간 : 시험 시작 20분 전까지

04 합격자 발표 및 문의처
- 합격자 발표 : 시험 종료 약 1개월 후
- 홈페이지 : http://www.hanja114.org 또는 한글인터넷주소 : 한자자격시험
- 기타 문의 : 한국 한자실력평가원(전화 02-3406-9111, 팩스 02-3406-9118)

05 한자자격시험 급수별 출제 범위

구분		공인급수				교양급수							
		사범	1급	2급	3급	준3급	4급	준4급	5급	준5급	6급	7급	8급(첫걸음)
평가한자수	계	5,000자	3,500자	2,300자	1,800자	1,350자	900자	700자	450자	250자	170자	120자	50자
	선정한자	5,000자	3,500자	2,300자	1,300자	1,000자	700자	500자	300자	150자	70자	50자	30자
	교과서·실용한자어	-	500단어(이상)	500단어(이상)	500자(436단어)(이상)	350자(305단어)(이상)	200자(156단어)(이상)	200자(139단어)(이상)	150자(117단어)(이상)	100자(62단어)(이상)	100자(62단어)(이상)	70자(43단어)(이상)	20자(13단어)(이상)

* 한자자격시험은 사범~8급까지 총 12개 급수로 구성
* 1급과 2급은 직업분야별 실용한자어, 3급 이하는 교과서 한자어를 뜻함
* 3급 이하의 교과서 한자어에서는 한자쓰기 문제를 출제하지 않음 (자세한 사항은 홈페이지를 참조하시기 바랍니다.)
* 巾(수건 건)자는 교육부지정 선정한자 (1,800자)에서 제외된 글자이나, 실생활에 자주 활용되고 部首자이므로 준5급에 추가하여 80+1자가 되었음

06 급수별 출제 문항 수 및 출제기준

구분		급수	사범	1급	2급	3급	준3급	4급	준4급	5급	준5급	6급	7급	8급 (첫걸음)
출제기준		문항수 합계	200	150	100	100	100	100	100	100	100	80	50	50
	주관식	문항수	150	100	70	70	70	70	70	70	70	50	20	20
		비율(%)	75% 이상	65% 이상	70% 이상	70% 이상	70% 이상	70% 이상	70% 이상	70% 이상	70% 이상	60% 이상	40% 이상	40% 이상
		한자쓰기 (비율%)	25	25	25	20	20	20	20	20	20	10	–	–
	객관식	문항수	50	50	30	30	30	30	30	30	30	30	30	30
문항별 배점			2	2	2	2	1	1	1	1	1	1.25	2	2
만점 (환산점수:100점 만점)			400 (100)	300 (100)	200 (100)	200 (100)	100	100	100	100	100	100	100	100

07 급수별 합격기준

구분	급수	사범	1급	2급	3급	준3급	4급	준4급	5급	준5급	6급	7급	8급 (첫걸음)
합격기준 (문항수 기준)		80% 이상	70% 이상	70% 이상	70% 이상	70% 이상	70% 이상	70% 이상	70% 이상	70% 이상	70% 이상	70% 이상	70% 이상

* 각 급수별 합격 기준 이상의 점수를 얻어야 합격할 수 있음

08 급수별 시험시간, 출제 유형별 비율(%)

구분			급수	사범	1급	2급	3급	준3급	4급	준4급	5급	준5급	6급	7급	8급 (첫걸음)
		시험시간		120분	80분	60분	60분	60분	60분	60분	60분	60분	60분	60분	60분
출제유형·비율(%)	급수별선정한자	훈음		25	25	25	15	15	15	15	15	15	20	25	25
		독음		35	35	35	15	15	15	15	15	15	20	25	25
		쓰기		25	25	25	20	20	20	20	20	20	10	-	-
		기타		15	15	15	15	15	15	15	15	15	15	15	15
		소계		100	100	100	65	65	65	65	65	65	65	65	65
	교과서한자어	독음		-	-	-	15	15	15	15	15	15	15	15	15
		용어뜻		-	-	-	10	10	10	10	10	10	10	10	10
		쓰기		-	-	-	0	0	0	0	0	0	0	0	0
		기타		-	-	-	10	10	10	10	10	10	10	10	10
		소계		-	-	-	35	35	35	35	35	35	35	35	35
합계				100	100	100	100	100	100	100	100	100	100	100	100

한자 자격 시험 안내

09 원서접수 방법

〈방문 접수와 인터넷 접수 가능〉

- 방문 접수 : 지역별 원서접수처를 직접 방문하여 접수하는 경우
  - 응시급수 선택 : 한자자격시험 급수별 출제범위를 참고하여, 응시자에 알맞은 급수를 선택
  - 원서 접수 준비물 확인 : 응시자 성명(한자) / 생년월일 / 학교명,학년,반 / 전화번호 / 우편번호,주소 / 반명함판 사진2매(3×4cm) / 응시료
  - 원서 작성·접수 : 한자자격시험 OMR 지원서를 작성 후 접수
  - 수험표 확인 : 수험표의 응시급수, 수험번호, 성명, 생년월일, 고사장명, 고사장 문의전화, 시험일시를 재확인

- 인터넷 접수 : 한자자격시험 홈페이지에 접속하여 원서를 접수
  (홈페이지 : http://www.hanja114.org, 또는 한글인터넷주소 : 한자자격시험)

10 국가공인 한자자격 취득자 우대

- 자격기본법 제27조에 의거 국가자격 취득자와 동등한 대우 및 혜택
- 직업교육훈련기관에서 입학 전형자료로 활용
- 학점인정등에관한법률의 제7조3항과 동법 시행령제9조2항에 따라 고졸자의 경우에는 전문대학의 학점을, 전문대학졸업자는 대학교 학점 인정 가능
- 직업 능력의 우월성 인정으로 취업시 우대
- 공공기관과 기업체 채용, 보수, 승진과정에서 우대/전문대학, 대학교 입학 시 가점 인정 등
  ※ 우대 반영 비율 및 세부 사항은 기업체 및 각 대학 입시 요강에 따름
- 대상 급수 : 사범, 1, 2, 3급
- 초·중·고등학생 : 교육인적자원부 훈령 제616호에 따라 학교생활기록부 '자격증 및 인증 취득 상황' 란에 등재
- 한국방송통신대학교 해당학과 졸업논문으로 대체 인정

▶▶ 이 책은 국가공인 한자자격시험 관리·운영기관인 사단법인 한자교육진흥회 주관으로 한국 한자실력평가원에서 시행하는 준3급 [한자자격시험]을 대비하기 위한 학습서입니다.

▶▶ 여기에서는 한자평가원의 준3급 한자 1,350자(준3급 선정한자 1,000자+교과서 한자 350자로 구성)를 주제별로 배치하여 학습할 수 있도록 하고 있습니다.

▶▶ 주제별로 구성된 단원구조는 '스스로 학습'을 이끌어 주는 과학적 학습유도장치로, 이는 학교 현장에서 수년간 학생들을 지도하면서 체험한 효과적 학습방법을 구조화시킨 것이며 교사들의 보이지 않는 진실한 노력과 고뇌가 녹아 있는, 한자 학습 능률을 극대화할 수 있는 매우 유용한 방법입니다.

▶▶ 지금까지의 한자학습이 '한자의 글자 수' 암기력을 테스트한 것이었다면, [한자자격시험]은 한자 암기는 물론, 초·중·고의 학교급별 교과서에 쓰이고 있는 한자어를 읽고, 쓰고, 뜻을 알게하는 하는 과정을 통해 우리말의 어휘력과 사고력, 문제의 핵심을 파악하게 하는 능력 등을 높여 자연스럽게 교과학습 성취도를 높일 수 있게 하는 잠재적 목표까지 설정하고 있습니다.

이 책의 짜임새

이 책은 준3급 한자자격시험에 출제되는 한자(어)를 크게 주제별로 다섯 단원으로 구조화하였으며 학습과정에서 연상활동을 자극하여 한자 및 한자어 등을 단계적으로 쉽게 익힐 수 있게 구성하였다.

- 제1주제 단원에서는 '자연, 수학, 환경'과 관계 깊은 한자를 다루고 있고, 수학이나 과학 교과서에 자주 등장하는 한자어를 익힐 수 있도록 하였다.
- 제2주제 단원에서는 '언어의 세계'라는 주제 속에서 관련 한자를 익히면서, 국어 등의 교과서에 자주 등장하는 한자어를 익힐 수 있도록 하였다.
- 제3주제 단원에서는 '사회, 정치, 경제'라는 주제 속에서 관련 한자를 공부하면서, 사회 교과서 등에 자주 등장하는 한자어를 익힐 수 있도록 하였다.
- 제4주제 단원에서는 '역사, 지리'라는 주제로 관련 한자를 다루면서, 역사와 지리 교과서에 자주 등장하는 한자어를 익힐 수 있도록 하였다.
- 제5주제 단원에서는 '나와 우리'라는 주제로 민주적 생활 태도 및 공동체 생활 등과 관련된 한자를 다루면서, 도덕, 사회 교과서 등에 자주 등장하는 한자어를 익힐 수 있도록 하였다.
- 주제별 각 단원은 선정한자 익히기, 교과서 한자어 자세히 알기, 알아두면 유익한 한자성어, 단원 마무리 연습문제로 구성되어 있다.
- 「선정한자 익히기」에서는 준3급 선정 한자를 쓰면서, 훈·음, 부수, 총획 수 등을 알게 하였고, 또한 도움말을 통해 글자의 자원을 알 수 있게 하여 글자에 대한 깊이 있는 이해를 돕고, 용례를 제시해 어떻게 그 글자가 쓰이는지도 알도록 하고 있다.

이 책의 짜임, 활용

- 「교과서 한자어 자세히 알기」에서는 주제별 관련 교과서에 등장하는 한자어의 훈·음과 뜻을 익히고, 어떻게 쓰이는지를 알게 하고 있다. 이 과정은 자연스럽게 우리말의 어휘력 신장에도 도움을 주도록 구성되어 있다.
- 「알아두면 유익한 한자성어」에서는 고사성어를 통해 한자에 대한 흥미를 찾게 하고, 한자성어 익히기를 통해 한자와의 친근감을 높임과 동시에 바른 인성을 자극하고 있다.
- 각 주제의 끝 부분에 배치되어 있는 「단원 마무리 연습문제」는 그 단원에서 배운 내용을 총 정리해 볼 수 있도록 하여 학습 효과를 배가시키고 있다. 특히 문제의 지문이나 보기 등에 제시된 단어 하나하나까지도 교육적 의미를 생각하여 배치하고 있다.
- 6단원에서는 연습문제 10회분을 실어 한자자격시험에 대비할 수 있게 하였다.

이 책의 활용

선정한자 익히기 편에서는
- 큰 소리로 훈(뜻)과 음을 읽어 보세요!

교과서 한자어 자세히 알기 편에서는
- 제시된 단어를 큰 소리로 읽고, 훈과 음을 읽은 후 풀이를 몇 차례 읽어봅니다. 그리고 쓰임을 읽으면서 빈 칸에 한자어를 정자로 또박 또박 써 나갑니다.

알아두면 유익한 한자성어 편에서는
- 제시된 한자성어를 읽고 이어서 각 글자의 훈과 음을 읽어본 다음, 뜻을 큰 소리로 읽고 나서 빈 칸에 한자성어를 써 나갑니다.

단원 마무리 연습문제 편에서는
- 각 주제의 끝 부분에 주관식과 객관식의 40문제가 함께 섞여 구성된 평가 문항들을 풀어보면서 앞에서 배운 한자와 한자어 등을 다시 생각해 보고, 혹 잘 모르는 문제가 있다면 본문을 다시 살펴서 완전히 익히고 다음 단계로 넘어가기 바랍니다.

※ 참고문헌 : 이재전, 《최신 한자교본》, (도서출판 에코노미, 2002)
　　　　　　 장형식, 《부수해설》, (한국 한자실력평가원, 2000)
　　　　　　 홍순필, 《한선문신옥편-정음옥편 한글판》, (보문관, 1917)
　　　　　　 《大漢韓辭典》, (교학사, 1998) 등

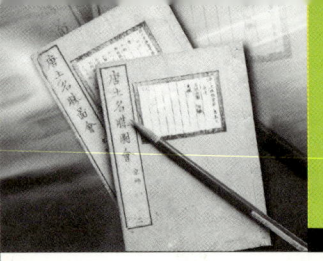

한 자 자 격 시 험 준 3 급

03	한자자격시험 안내
06	이 책의 짜임, 활용
10	급수별 선정한자 일람표
21	준3급 교과서 한자어 일람표

 **자연, 수학, 환경**

28	1-1. 선정 한자 익히기
36	1-2. 교과서 한자어 자세히 알기
48	1-3. 알아두면 유익한 한자성어
53	1-4. 단원 마무리 연습문제

 **언어의 세계**

58	2-1. 선정 한자 익히기
66	2-2. 교과서 한자어 자세히 알기
78	2-3. 알아두면 유익한 한자성어
83	2-4. 단원 마무리 연습문제

 **사회, 정치, 경제**

88	3-1. 선정 한자 익히기
96	3-2. 교과서 한자어 자세히 알기
108	3-3. 알아두면 유익한 한자성어
113	3-4. 단원 마무리 연습문제

차 례

역사, 지리 4

118	4-1. 선정 한자 익히기
126	4-2. 교과서 한자어 자세히 알기
138	4-3. 알아두면 유익한 한자성어
143	4-4. 단원 마무리 연습문제

나와 우리 5

148	5-1. 선정 한자 익히기
156	5-2. 교과서 한자어 자세히 알기
168	5-3. 알아두면 유익한 한자성어
173	5-4. 단원 마무리 연습문제

연습문제 및 색인 6

176	연습문제 (01회~10회)
226	정답
231	색인

급수별 선정한자 일람표

* 표시는 길게 발음된 글자. # 표시는 장음 단음 두 가지로 발음된 글자임
(　　)안은 간체자. (=　)표시는 동자

8급 선정 한자

一	한	일	
二	두	이	*
三	석	삼	
四	넉	사	*
五	다섯	오	*
六	여섯	륙	
七	일곱	칠	
八	여덟	팔	
九	아홉	구	
十	열	십	
日	날	일	
月	달	월	
火	불	화	#
水	물	수	
木	나무	목	
上	윗	상	*
中	가운데	중	
下	아래	하	*
父	아버지	부	
母	어머니	모	*
王	임금	왕	
子	아들	자	
女	계집	녀	
口	입	구	#
土	흙	토	
山	메	산	
門	문	문(门)	
小	작을	소	*
人	사람	인	
白	흰	백	

7급 선정 한자

江	강	강	
工	장인	공	
金	쇠	금	
男	사내	남	
力	힘	력	
立	설	립	
目	눈	목	
百	일백	백	
生	날	생	
石	돌	석	
手	손	수	#
心	마음	심	
入	들	입	
自	스스로	자	
足	발	족	
川	내	천	
千	일천	천	
天	하늘	천	
出	날	출	
兄	맏	형	

6급 선정 한자

東	동녘	동(东)	
西	서녘	서	
南	남녘	남	
北	북녘	북	
方	모	방	
向	향할	향	*
內	안	내	*
外	바깥	외	*
同	한가지	동	
名	이름	명	
靑	푸를	청	
年	해(=季)	년	
正	바를	정	#
文	글월	문	
主	주인	주	
寸	마디	촌	*
弟	아우	제	*
夫	지아비	부	
少	적을	소	*
夕	저녁	석	

준5급 선정 한자

歌	노래	가	
家	집	가	
間	사이	간(间)	#
車	수레	거(车)	
巾	수건	건	
古	예	고	*
空	빌	공	*
敎	가르칠	교	*
校	학교	교	*
國	나라	국	
軍	군사	군	
今	이제	금	
記	기록할	기(记)	
氣	기운	기(气)	
己	몸	기	
農	농사	농	
答	대답	답	
代	대신할	대	*
大	큰	대	*
道	길	도	
洞	골	동	*
登	오를	등	
來	올	래(来)	#
老	늙을	로	*

里	마을	리	*	邑	고을	읍		苦	괴로울	고
林	수풀	림		衣	옷	의		高	높을	고
馬	말	마(马)	*	耳	귀	이	*	功	공	공
萬	일만	만(万)	*	字	글자	자		共	함께	공	*
末	끝	말		長	긴	장(长)	#	科	과목	과
每	매양	매	#	場	마당	장(场)		果	과실	과	*
面	낯	면	*	電	번개	전(电)	*	光	빛	광
問	물을	문(问)	*	前	앞	전		交	사귈	교
物	물건	물		全	온전할	전		郡	고을	군	*
民	백성	민		祖	할아비	조		近	가까울	근	*
本	근본	본		左	왼	좌	*	根	뿌리	근
不	아니	불		住	살	주	*	急	급할	급
分	나눌	분	#	地	땅	지		多	많을	다
士	선비	사	*	草	풀	초		短	짧을	단	#
事	일	사	*	平	평평할	평		當	마땅할	당(当)
色	빛	색		學	배울	학(学)		堂	집	당
先	먼저	선		韓	나라이름	한(韩)	#	對	대답할	대(对)	*
姓	성씨	성	*	漢	한수	한(汉)	*	圖	그림	도
世	세상	세	*	合	합할	합		度	법도	도	*
所	바	소	*	海	바다	해	*	刀	칼	도
時	때	시(时)		孝	효도	효	*	讀	읽을	독
市	저자	시	*	休	쉴	휴		冬	겨울	동	#
食	밥	식						童	아이	동	*
植	심을	식(植)		**5급 선정 한자**				頭	머리	두(头)
室	집	실						等	무리	등	*
安	편안할	안		各	각각	각		樂	즐거울	락
羊	양	양		感	느낄	감	*	禮	예도	례
語	말씀	어(语)	*	强	강할	강	#	路	길	로	*
午	낮	오	*	開	열	개(开)	*	綠	푸를	록
玉	구슬	옥		去	갈	거		理	다스릴	리	*
牛	소	우	*	犬	개	견		李	오얏(자두)	리
右	오른	우		見	볼	견(见)	*	利	이로울	리	*
位	자리	위		京	서울	경	*	命	목숨	명	*
有	있을	유	*	計	셀	계(计)		明	밝을	명
育	기를	육		界	지경	계	*	毛	털	모

한 자 자 격 시 험 준 3 급

無	없을	무(无)		信	믿을	신	*	題	제목	제	
聞	들을	문(闻)	#	新	새로울	신		第	차례	제	*
米	쌀	미		失	잃을	실		朝	아침(=晁)	조	
美	아름다울	미	#	愛	사랑	애	*	族	겨레	족	
朴	순박할	박		野	들	야	*	晝	낮	주(昼)	
反	돌이킬	반	*	夜	밤	야	*	竹	대	죽	
半	절반	반	*	藥	약	약		重	무거울	중	*
發	필	발		弱	약할	약		直	곧을	직(直)	
放	놓을	방	#	陽	볕	양		窓	창문	창	
番	차례	번		洋	큰바다	양		淸	맑을	청	
別	다를	별		魚	물고기	어(鱼)		體	몸	체	
病	병	병	*	言	말씀	언		村	마을	촌	*
步	걸음	보	*	業	일	업		秋	가을	추	
服	옷	복		永	길	영	*	春	봄	춘	
部	거느릴	부		英	꽃부리	영		親	친할	친(亲)	
死	죽을	사	*	勇	날쌜	용	*	太	클	태	
書	글	서(书)		用	쓸	용	*	通	통할	통	
席	자리	석		友	벗	우	*	貝	조개	패(贝)	#
線	줄	선(线)		運	움직일	운	*	便	편할	편	#
省	살필	성		遠	멀	원(远)	*	表	겉	표	
性	성품	성	*	原	언덕, 근본	원		品	물건	품	*
成	이룰	성		元	으뜸	원		風	바람	풍	
消	사라질	소		油	기름	유		夏	여름(=昰)	하	*
速	빠를	속		肉	고기	육		行	다닐	행	#
孫	손자	손	#	銀	은	은(银)		幸	다행	행	*
樹	나무	수		飮	마실	음	*	血	피	혈	
首	머리	수		音	소리	음		形	모양	형	
習	익힐	습		意	뜻	의	*	號	이름	호	*
勝	이길	승		者	놈	자		花	꽃	화	
詩	글	시(诗)		昨	어제	작		話	말씀	화(话)	
示	보일	시	*	作	지을	작		和	화할, 화목할	화	
始	처음	시	*	章	글	장	*	活	살	활	
式	법	식		在	있을	재	*	黃	누를	황	
神	귀신	신		才	재주	재		會	모일	회(会)	*
身	몸	신		田	밭	전		後	뒤	후	*

준4급 선정 한자

價	값	가(价)	
加	더할	가	
可	옳을	가	*
角	뿔	각(角)	
甘	달	감	
改	고칠	개	*
個	낱	개(个)	#
客	손님	객	
決	결단할	결(决)	
結	맺을	결(结)	
輕	가벼울	경(轻)	
敬	공경할	경	*
季	철	계	*
固	굳을	고	
考	상고할	고	#
告	알릴	고	*
曲	굽을	곡	
公	공변될	공	
課	매길	과(课)	
過	지날	과(过)	*
關	관계할, 빗장	관(关)	
觀	볼	관(观)	
廣	넓을	광(广)	*
橋	다리	교(桥)	
求	구할	구	
君	임금	군	
貴	귀할	귀(贵)	*
極	다할	극(极)	
給	줄	급(给)	
期	기약할	기	
技	재주	기	#
基	터	기	
吉	길할	길	

念	생각	념	*
能	능할	능	
談	말씀	담(谈)	
待	기다릴	대	*
德	덕	덕	
都	도읍	도	
島	섬	도(岛)	
到	이를	도	*
動	움직일	동(动)	
落	떨어질	락	
冷	찰	랭	*
兩	두	량(两)	*
良	어질	량	
量	헤아릴	량	
歷	지낼	력(历)	
領	옷깃	령(领)	
令	하여금, 명령할	령(令)	#
例	법식	례	*
勞	수고로울	로(劳)	
料	헤아릴	료	#
流	흐를	류	
亡	망할	망	
望	바랄	망	*
買	살	매(买)	*
妹	아랫누이	매	*
賣	팔	매(卖)	#
武	굳셀	무	*
味	맛	미	
未	아닐	미	#
法	법	법	
兵	군사	병	
報	갚을	보(报)	*
福	복	복(福)	
奉	받들	봉	*
富	부자	부	*

備	갖출	비(备)	*
比	견줄	비	*
貧	가난할	빈(贫)	
氷	얼음	빙	
仕	벼슬할	사	*
思	생각	사	#
師	스승	사(师)	
史	역사	사	*
使	하여금	사	*
産	낳을	산(产)	*
算	셈	산	*
賞	상줄	상(赏)	
相	서로	상	
商	장사	상	
常	항상	상	
序	차례	서	*
船	배	선	
仙	신선	선	
善	착할	선	*
雪	눈	설(雪)	
說	말씀	설(说)	
星	별	성	
城	재	성	
誠	정성	성(诚)	
洗	씻을	세	*
歲	해	세(岁)	*
送	보낼	송	
數	셈	수(数)	*
守	지킬	수	
宿	잠잘	숙	
順	순할	순(顺)	*
視	볼	시(视)	*
試	시험	시(试)	#
識	알	식(识)	
臣	신하	신	

實	열매	실(实)		的	과녁	적		祝	빌	축
氏	성씨	씨		赤	붉을	적		充	채울	충
兒	아이	아(儿)		典	법	전 *		忠	충성	충
惡	악할	악(恶)		戰	싸움	전(战) *		致	이를	치 *
案	책상, 생각	안 *		傳	전할	전(传) *		他	다를	타
暗	어두울	암 *		展	펼	전 *		打	칠	타 *
約	맺을	약(约)		店	가게	점 *		宅	집	택
養	기를	양(养) *		庭	뜰	정		統	거느릴	통(统) *
漁	고기잡을	어(渔)		情	뜻	정		特	특별할	특
億	억	억(亿)		定	정할	정 *		敗	패할	패(败) *
如	같을	여		調	고를	조(调)		必	반드시	필
餘	남을	여		助	도울	조 *		河	물	하
然	그럴	연		鳥	새	조(鸟)		寒	찰	한
熱	더울	열(热)		早	이를	조 *		害	해칠	해 *
葉	잎	엽(叶)		存	있을	존		香	향기	향
屋	집	옥		卒	군사	졸		許	허락할	허(许)
溫	따뜻할	온		終	마칠	종(终)		現	나타날	현(现) *
完	완전할	완		種	씨	종(种) #		好	좋을	호 *
要	구할	요 #		罪	허물	죄 *		湖	호수	호
雨	비	우 *		注	물댈	주 *		畵	그림	화(画) *
雲	구름	운(云)		止	그칠	지		化	될, 변화할	화 #
園	동산	원(园)		志	뜻	지		患	근심	환 *
願	원할	원(愿) *		知	알	지		回	돌	회
由	말미암을	유		至	이를	지		效	본받을	효 *
義	옳을	의(义) *		紙	종이	지(纸)		訓	가르칠	훈(训) *
醫	의원	의(医)		支	지탱할	지		凶	흉할(=兇)	흉
以	써	이 *		進	나아갈	진(进) *		黑	검을	흑
因	인할	인		眞	참	진(真)				
姉	맏누이	자		質	바탕	질(质)				
再	두	재 *		集	모일	집		**4급 선정 한자**		
材	재목	재		次	버금	차		街	거리	가 #
財	재물	재(财)		參	참여할(셋 삼)	참(参)		假	거짓	가 *
爭	다툴	쟁(争)		責	꾸짖을	책(责)		佳	아름다울	가 *
低	낮을	저 *		鐵	쇠	철(铁)		干	방패	간
貯	쌓을	저(贮) *		初	처음	초		看	볼	간

減	덜	감(减)	*	單	홑	단(单)		佛	부처	불	
甲	껍질, 갑옷	갑		達	통달할	달(达)		悲	슬플	비	*
擧	들	거(举)	*	徒	무리	도		非	아닐	비	*
巨	클	거	*	獨	홀로	독(独)		鼻	코	비	*
建	세울	건	*	斗	말	두		巳	뱀, 지지	사	*
乾	하늘	건		得	얻을	득		謝	사례할	사(谢)	*
更	다시	갱		燈	등잔	등(灯)		私	사사로울	사	
慶	경사	경(庆)	*	旅	나그네	려		絲	실	사(丝)	
競	다툴	경(竞)	*	連	이을	련(连)		寺	절	사	
耕	밭갈	경		練	익힐	련(练)	*	舍	집	사	
景	볕	경	#	烈	매울, 뜨거울	렬		散	흩어질	산	*
經	지날, 글	경(经)		列	벌일	렬		想	생각	상	*
庚	천간, 별	경		論	논할	론(论)		選	가릴	선(选)	*
溪	시내	계		陸	뭍	륙(陆)		鮮	고울	선(鲜)	
癸	천간	계	*	倫	인륜	륜(伦)		舌	혀	설	
故	연고	고	#	律	법	률		聖	성스러울	성(圣)	*
谷	골	곡		滿	찰	만(滿)	*	盛	성할	성	*
骨	뼈	골		忘	잊을	망		聲	소리	성(声)	
官	벼슬	관		妙	묘할	묘	*	細	가늘	세(细)	
救	구원할	구	*	卯	토끼	묘	*	勢	권세	세(势)	*
究	궁구할	구		務	힘쓸	무(务)	*	稅	세금	세	*
句	글귀	구		尾	꼬리	미		笑	웃음	소	
舊	옛	구(旧)	*	密	빽빽할	밀		續	이을	속(续)	
久	오랠	구	*	飯	밥	반(饭)		俗	풍속	속	
弓	활	궁		防	막을	방		松	소나무	송	
權	권세	권(权)		房	방	방		收	거둘	수	
均	고를	균		訪	찾을	방(访)	*	修	닦을	수	
禁	금할	금	*	拜	절	배	*	受	받을	수	#
及	미칠	급		伐	칠	벌		授	줄	수	
其	그	기		變	변할	변(变)	*	純	순수할	순(纯)	
起	일어날	기		丙	남녘	병		戌	개, 지지	술	
乃	이에	내	*	保	지킬	보	#	拾	주울	습	
怒	성낼	노		復	돌아올	복		承	이을	승	
端	바를	단		否	아닐	부	*	是	옳을	시	*
丹	붉을	단		婦	지어미, 며느리	부		辛	매울	신	

한 자 자 격 시 험 준 3 급

申	펼, 지지	신		節	마디	절(节)		脫	벗을	탈	
眼	눈	안	*	接	이을	접		探	찾을	탐	
若	같을, 만약	약		停	머무를	정		退	물러날	퇴	*
與	더불, 줄	여(与)	*	井	우물	정		波	물결	파	
逆	거스를	역		精	정기	정		判	판단할	판	
硏	갈	연	*	政	정사	정		片	조각	편	#
榮	영화	영(荣)		除	덜	제		布	베, 펼	포	#
藝	재주	예(艺)	*	祭	제사	제	*	暴	사나울	포	
誤	그릇될	오(误)	*	製	지을	제(制)	*	筆	붓	필(笔)	
往	갈	왕	*	兆	조	조		限	한정	한	*
浴	목욕할	욕		造	지을	조	*	解	풀	해	*
容	얼굴	용		尊	높을	존		鄕	시골, 마을	향(乡)	
遇	만날	우	*	坐	앉을	좌	*	協	도울	협(协)	
雄	수컷	웅		走	달릴	주		惠	은혜	혜	*
危	위태할	위		朱	붉을	주		呼	부를	호	
偉	클	위(伟)		衆	무리	중(众)	*	戶	지게문	호	*
爲	할	위(为)	*	增	더할	증		婚	혼인할	혼	
遺	남길	유(遗)		持	가질	지		貨	재화	화(货)	*
酉	닭, 지지	유		指	손가락	지		興	일어날	흥(兴)	#
恩	은혜	은		辰	별, 지지	진		希	바랄	희	
乙	새	을		着	붙을	착					
陰	그늘	음(阴)		察	살필	찰		준3급 선정 한자			
應	응할	응(应)	*	唱	부를	창	*				
依	의지할	의		冊	책	책		脚	다리	각	
異	다를	이(异)	*	處	곳, 살	처(处)	*	渴	목마를	갈	
移	옮길	이		聽	들을	청(听)		敢	감히	감	*
益	더할	익		請	청할	청(请)		監	볼	감(监)	
引	끌	인		最	가장	최	*	鋼	강철	강(钢)	
印	도장	인		蟲	벌레	충(虫)		降	내릴	강	*
寅	범	인		取	가질	취	*	康	편안할	강	
認	알	인(认)		治	다스릴	치		皆	다	개	
壬	천간, 북방	임	*	齒	이	치(齿)		居	살	거	
將	장수	장(将)	#	則	법칙	칙(则)		健	건강할	건	*
適	맞을	적(适)		針	바늘, 침(=鍼)	침(针)	#	件	사건	건	
敵	원수	적(敌)		快	쾌할	쾌		檢	검사할	검(检)	*

儉	검소할	검(俭)	*	難	어려울	난(难)	#	戊	천간	무	*
格	격식	격		納	들일	납(纳)		舞	춤출	무	*
堅	굳을	견(坚)		努	힘쓸	노		墨	먹	묵	
潔	깨끗할	결(洁)		斷	끊을	단(断)	*	勿	말	물	
鏡	거울	경(镜)	*	但	다만	단	*	班	나눌	반	
警	경계할	경	*	團	둥글	단(团)		倍	갑절	배	*
驚	놀랄	경(惊)		壇	제단	단(坛)		背	등	배	*
境	지경	경		段	층계	단		杯	잔	배	
戒	경계할	계	*	隊	무리	대(队)	*	配	짝	배	*
鷄	닭	계(鸡)		導	인도할	도(导)	*	罰	벌할	벌(罚)	
階	섬돌	계(阶)		豆	콩	두		凡	무릇	범	#
繼	이을	계	*	羅	벌일	라(罗)		犯	범할	범	*
庫	곳집	고(库)		卵	알	란	*	寶	보배	보(宝)	*
孤	외로울	고		覽	볼	람(览)		伏	엎드릴	복	
穀	곡식	곡		浪	물결	랑	*	逢	만날	봉	#
困	곤할	곤	*	郎	사내	랑		扶	도울	부	
坤	땅	곤		略	간략할	략		浮	뜰	부	
具	갖출	구	#	凉	서늘할	량		副	버금	부	*
球	공	구		露	이슬	로		朋	벗	붕	
區	나눌	구(区)		錄	기록할	록(录)		飛	날	비(飞)	
局	판	국		留	머무를	류		祕	숨길	비(秘)	*
群	무리	군		類	무리	류	#	費	쓸	비(费)	*
窮	다할	궁(穷)		柳	버들	류	#	社	모일	사	
宮	집	궁(宫)		莫	없을	막		寫	베낄	사(写)	
勸	권할	권(劝)	*	晚	늦을	만	*	射	쏠	사	#
卷	책	권	#	忙	바쁠	망		査	조사할	사	
歸	돌아갈	귀(归)	*	麥	보리	맥(麦)		殺	죽일	살(杀)	
規	법	규(规)		免	면할	면	*	狀	모양	상(状)	*
勤	부지런할	근	#	眠	잠잘	면		傷	상할	상(伤)	
級	등급	급(级)		勉	힘쓸	면	*	霜	서리	상	
器	그릇	기		鳴	울	명(鸣)		尙	오히려	상	
旗	기	기		暮	저물	모		喪	초상	상(丧)	#
幾	몇	기(几)		牧	칠	목		象	코끼리	상	
旣	이미	기(既)		墓	무덤	묘		床	평상(=牀)	상	
暖	따뜻할(=煖)	난	*	茂	무성할	무	*	暑	더울	서	*

한 자 자 격 시 험 준 3 급

惜	아낄	석		汝	너	여	*	吟	읊을	음	
昔	옛	석		亦	또	역		泣	울	읍	
設	베풀	설(设)		域	지경	역		矣	어조사	의	
掃	쓸	소(扫)	#	煙	연기	연(烟)		議	의논할	의(议)	
素	흴	소	#	悅	기쁠	열		而	말이을	이	*
束	묶을	속		炎	불꽃	염		易	쉬울	이	*
損	덜	손(损)	*	營	경영할	영(营)		已	이미	이	*
愁	근심	수		迎	맞이할	영		仁	어질	인	
誰	누구	수(谁)		烏	까마귀	오(乌)		忍	참을	인	
須	모름지기	수(须)		悟	깨달을	오	*	任	맡길	임	#
壽	목숨	수(寿)		吾	나	오		慈	사랑	자	
雖	비록	수(虽)		瓦	기와	와	*	壯	씩씩할	장(壮)	*
秀	빼어날	수		臥	누울	와(卧)	*	腸	창자	장(肠)	
淑	맑을	숙		曰	가로	왈		栽	심을	재	*
叔	아재비	숙		謠	노래	요(谣)		哉	어조사	재	
術	재주	술(术)		欲	하고자할	욕		災	재앙	재(灾)	
崇	높일	숭		憂	근심	우(忧)		著	나타날	저	*
乘	탈	승		尤	더욱	우		積	쌓을	적(积)	
施	베풀	시	*	又	또	우		轉	구를	전(转)	*
息	숨쉴	식		于	어조사	우		錢	돈	전(钱)	*
深	깊을	심		宇	집	우	*	專	오로지	전(专)	
甚	심할	심	*	云	이를	운		絕	끊을	절(绝)	
我	나	아	*	源	근원	원		切	끊을, 간절할	절	
顔	얼굴	안(颜)	*	圓	둥글	원(圆)		點	점	점(点)	#
巖	바위	암(岩)		怨	원망할	원	*	靜	고요할	정(静)	
央	가운데	앙		員	인원	원(员)		貞	곧을	정(贞)	
仰	우러를	앙	*	院	집	원		淨	깨끗할	정(净)	
哀	슬플	애		威	위엄	위		丁	장정	정	
也	어조사	야		猶	같을	유		頂	정수리	정(顶)	
揚	날릴,떨칠	양(扬)		遊	놀	유(游)		制	마를	제	*
讓	사양할	양(让)	*	柔	부드러울	유		諸	모든	제(诸)	
於	어조사	어		儒	선비	유		際	사이	제(际)	
憶	생각할	억(忆)		幼	어릴	유		帝	임금	제	*
嚴	엄할	엄(严)		唯	오직	유		操	잡을	조	#
余	나	여		乳	젖	유		宗	마루	종	

鐘	쇠북	종(钟)		層	층	층(层)		華	빛날	화(华)
從	좇을	종(从) #		卓	높을	탁		歡	기쁠	환(欢)
州	고을	주		炭	숯	탄 *		皇	임금	황
酒	술	주 #		泰	클	태		候	기후	후 *
宙	집	주 *		討	칠	토(讨)		厚	두터울(=垕)	후 *
準	법도	준(准) *		痛	아플	통 *		胸	가슴	흉
卽	곧	즉(即)		投	던질	투		吸	숨들이쉴	흡
曾	일찍	증		破	깨뜨릴	파 *		喜	기쁠	희
證	증거	증(证)		板	널빤지	판				
枝	가지	지		篇	책	편				
之	갈	지		閉	닫을	폐(闭) *				
只	다만	지		包	쌀	포 #				
智	지혜	지		抱	안을	포 *				
職	벼슬	직(职)		票	표	표				
盡	다할	진(尽) *		豊	풍년	풍(丰)				
執	잡을	집(执)		皮	가죽	피				
且	또	차		彼	저	피 *				
借	빌릴	차 *		疲	피곤할	피				
此	이	차		匹	짝	필				
創	비롯할	창(创) *		何	어찌	하				
昌	창성할	창 #		賀	하례할	하(贺) *				
菜	나물	채 *		閑	한가할	한(闲)				
採	캘	채(采) *		恨	한할	한 *				
妻	아내	처		恒	항상	항				
尺	자	척		亥	돼지	해				
泉	샘	천		虛	빌	허(虚)				
淺	얕을	천(浅) *		驗	시험	험(验) *				
晴	갤	청		革	가죽	혁				
招	부를	초		賢	어질	현(贤)				
總	거느릴	총(总) *		刑	형벌	형				
推	밀	추		虎	범	호 *				
追	쫓을	추		乎	어조사	호				
丑	소	축		或	혹	혹				
就	나아갈	취 *		混	섞을	혼 *				
吹	불	취 *		紅	붉을	홍(红)				

한자자격시험 준3급

음과 뜻이 여럿인 한자

8급
父	1. 아비 2. 남자미칭	부 보

7급
金	1. 쇠 2. 성	금 김

6급
內	1. 안 2. 여관(女官)	내 나
北	1. 북녘 2. 달아날	북 배

준5급
車	1. 수레 2. 수레	거 차
分	1. 나눌 2. 푼	분 푼
不	1. 아니 2. 아니	불 부
食	1. 밥 2. 먹을	사 식
合	1. 합할 2. 홉	합 홉

5급
見	1. 볼 2. 뵐	견 현
度	1. 법도 2. 헤아릴	도 탁
讀	1. 읽을 2. 구절	독 두
洞	1. 골 2. 꿰뚫을	동 통
樂	1. 즐거울 2. 풍류 3. 좋아할	락 악 요
省	1. 살필 2. 덜	성 생
便	1. 편할 2. 똥오줌	편 변

준4급
告	1. 알릴 2. 뵙고청할	고 곡
說	1. 말씀 2. 달랠 3. 기쁠	설 세 열
數	1. 셈 2. 자주 3. 빽빽할	수 삭 촉
宿	1. 잠잘 2. 별자리	숙 수
識	1. 알 2. 기록할	식 지
氏	1. 성씨 2. 나라이름	씨 지
惡	1. 악할 2. 미워할	악 오
葉	1. 잎 2. 땅이름	엽 섭
參	1. 참여할 2. 석	참 삼(三)
宅	1. 집 2. 집	택 댁
畵	1. 그림 2. 그을	화 획

4급
乾	1. 하늘 2. 마를	건 간(건)
更	1. 다시 2. 고칠	갱 경
丹	1. 붉을 2. 꽃이름	단 란
復	1. 돌아올 2. 다시	복 부
否	1. 아닐 2. 막힐	부 비
寺	1. 절 2. 관청	사 시
拾	1. 주울 2. 열	습 십(十)
若	1. 같을(만약) 2. 절	약 야
辰	1. 별, 지지 2. 때	진 신
則	1. 법칙 2. 곧	칙 즉
布	1. 펼 2. 펄	포 보(속음)
暴	1. 사나울 2. 드러낼 3. 사나울	포 폭 폭

준3급
降	1. 내릴 2. 항복할	강 항
狀	1. 모양 2. 문서	상 장
於	1. 어조사 2. 탄식할	어 오
易	1. 쉬울 2. 바꿀	이 역
積	1. 쌓을 2. 저금할	적 자
切	1. 끊을, 간절할 2. 온통	절 체
殺	1. 죽일 2. 덜	살 쇄

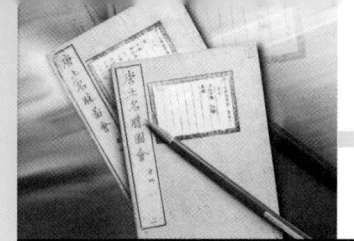

준3급 교과서 한자어 일람표

※ 아래 한자어들은 교과서에 있는 단어(한자어) 중 자주 쓰이거나 꼭 알아두어야 할 한자어입니다.
교과서 한자어의 한자 쓰기 문제는 출제되지 않습니다.

가축	家畜	과장	誇張	긍정	肯定
각오	覺悟	과점	寡占	기고	寄稿
간단	簡單	과태료	過怠料	기구	機構
감탄문	感歎文	관련	關聯	기생	寄生
강연	講演	관습	慣習	기소	起訴
개념	槪念	관용	寬容	기압	氣壓
개항	開港	관철	貫徹	긴장	緊張
거리	距離	관청	官廳	낭만주의	浪漫主義
거절	拒絕	관혼상제	冠婚喪祭	내빈	來賓
건전지	乾電池	광물	鑛物	내성	耐性
건조	乾燥	교묘	巧妙	냉각	冷却
격려	激勵	교섭	交涉	냉담	冷淡
결함	缺陷	교외	郊外	노옹	老翁
겸임	兼任	교정	矯正	녹봉	祿俸
경각	頃刻	교체	交替	농도	濃度
경향	傾向	교환	交換	뇌사	腦死
경화	硬化	구속	拘束	누각	樓閣
계	契	굴복	屈伏	단군	檀君
계몽	啓蒙	궁궐	宮闕	단발령	斷髮令
고분	古墳	귀신	鬼神	담보	擔保
고사	枯死	규방	閨房	답사	踏査
고취	鼓吹	규범	規範	대본	臺本
공급	供給	근간	根幹	대웅전	大雄殿
공란	空欄	근거	根據	대장경	大藏經
공손	恭遜	금수	禽獸	대조	對照
공헌	貢獻	금융	金融	도감	圖鑑

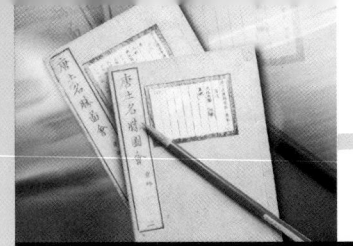

준3급 교과서 한자어 일람표

도공	陶工	백미	白眉	사전	辭典
도치	倒置	백부	伯父	사찰	寺刹
동맹	同盟	번안	飜案	사항	事項
동사	凍死	벽화	壁畫	사화	士禍
둔각	鈍角	변태	變態	산악	山岳
막	幕	병렬	竝列	삼강	三綱
매체	媒體	보상	補償	삼림	森林
매화	梅花	보편	普遍	상징	象徵
맥락	脈絡	보험	保險	상호	相互
맹수	猛獸	보호	保護	상황	狀況
맹점	盲點	복지	福祉	생활권	生活圈
면직	綿織	봉건	封建	서술	敍述
멸망	滅亡	부록	附錄	서행	徐行
명사	名詞	부속	附屬	석순	石筍
명예	名譽	분발	奮發	석탑	石塔
모방	模倣	분열	分裂	선택	選擇
모순	矛盾	비교	比較	선포	宣布
모의	謀議	비명	碑銘	선회	旋回
몰입	沒入	비속어	卑俗語	세균	細菌
무역	貿易	비율	比率	세제	洗劑
무영	無影	비평	批評	세포	細胞
미모	美貌	빈부격차	貧富隔差	소외	疎外
미분	微分	빙장	聘丈	소위	所謂
미필	未畢	사당	祠堂	소음	騷音
박물관	博物館	사막	沙漠	수요	需要
반영	反映	사이비	似而非	수필	隨筆

순간	瞬間	위원	委員	저항	抵抗
습도	濕度	위조	僞造	절규	絕叫
승화	昇華	위협	威脅	점층법	漸層法
신뢰	信賴	유적	遺蹟	정당	政黨
신중	愼重	유치	幼稚	정리	整理
심의	審議	유혹	誘惑	정부	政府
악취	惡臭	윤작	輪作	정서	情緖
안녕	安寧	융성	隆盛	정책	政策
액운	厄運	은유법	隱喩法	제안	提案
액자소설	額子小說	음운	音韻	조령	鳥嶺
액정	液晶	의문문	疑問文	조류	潮流
억양	抑揚	이력	履歷	조약	條約
여론	輿論	이면	裏面	조직	組織
여정	旅程	이양선	異樣船	족보	族譜
역할	役割	이윤	利潤	종묘	宗廟
연방	聯邦	익명	匿名	종횡	縱橫
영하	零下	일탈	逸脫	좌표	座標
영혼	靈魂	임금	賃金	주말	週末
예산	豫算	자본	資本	주식	株式
완화	緩和	자외선	紫外線	준법	遵法
요새	要塞	잔인	殘忍	중복	重複
용암	鎔巖	잠수	潛水	중용	中庸
우열	優劣	잠시	暫時	증권	證券
우익	右翼	장신구	裝身具	증산	蒸散
위도	緯度	장원	莊園	증오	憎惡
위로	慰勞	재판	裁判	지옥	地獄

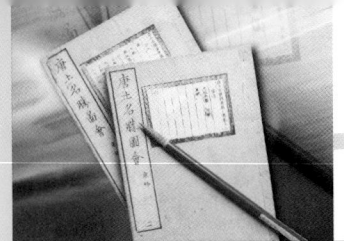

준3급 교과서 한자어 일람표

한글	한자	한글	한자	한글	한자
지혜	智慧	타당	妥當	형설	螢雪
지휘	指揮	탄성	彈性	호란	胡亂
직유법	直喩法	탐욕	貪慾	호적	戶籍
진동	振動	태양력	太陽曆	혼잡	混雜
질병	疾病	토로	吐露	혼탁	混濁
징벌	懲罰	토양	土壤	홀연	忽然
창공	蒼空	투기	投機	홍수	洪水
창해	滄海	투쟁	鬪爭	홍익인간	弘益人間
채무	債務	특수	特殊	화적	火賊
철학	哲學	파종	播種	화촉	華燭
첨단	尖端	편견	偏見	확대	擴大
첨삭	添削	폐사	弊社	확신	確信
청동기	靑銅器	폐활량	肺活量	환경	環境
청백리	淸白吏	포물선	抛物線	환곡	還穀
초상	肖像	포화	飽和	획득	獲得
초월	超越	피뢰침	避雷針	휘호	揮毫
총명	聰明	피해	被害	희곡	戲曲
추천	推薦	학파	學派	희롱	戲弄
축척	縮尺	함축	含蓄	희소	稀少
충돌	衝突	항쟁	抗爭		
취기	醉氣	해몽	解夢		
취미	趣味	핵	核		
측우기	測雨器	향유	享有		
친척	親戚	허락	許諾		
침묵	沈默	헌법	憲法		
칭찬	稱讚	혈연	血緣		

1 자연, 수학, 환경

1-1. 선정 한자 익히기
1-2. 교과서 한자어 자세히 알기
1-3. 알아두면 유익한 한자성어
1-4. 단원 마무리 연습문제

| 학습의 주안점 |
이 단원에서는 자연과 수학, 그리고 환경과 관련 있는
한자들을 읽고 쓰며, 그 뜻을 정확히 알도록 노력합시다.

www.hanja114.org

새로 익힐 선정 한자

脚	다리	각	浪	물결	랑	證	증거	증
渴	목마를	갈	麥	보리	맥	且	또	차
鋼	강철	강	戊	천간	무	借	빌릴	차
降	내릴	강	浮	뜰	부	淺	얕을	천
皆	다	개	射	쏠	사	丑	소	축
健	건강할	건	霜	서리	상	卓	높을	탁
檢	검사할	검	雖	비록	수	炭	숯	탄
堅	굳을	견	施	베풀	시	泰	클	태
潔	깨끗할	결	深	깊을	심	痛	아플	통
境	지경	경	巖	바위	암	破	깨뜨릴	파
鷄	닭	계	域	지경	역	板	널빤지	판
庫	곳집	고	煙	연기	연	票	표	표
坤	땅	곤	炎	불꽃	염	豊	풍년	풍
群	무리	군	營	경영할	영	彼	저	피
級	등급	급	圓	둥글	원	何	어찌	하
暖	따뜻할	난	腸	창자	장	亥	돼지	해
難	어려울	난	切	끊을	절	虛	빌	허
斷	끊을	단	點	점	점	虎	범	호
段	층계	단	丁	장정	정	胸	가슴	흉
豆	콩	두	諸	모든	제	吸	숨들이쉴	흡

교과서에 나오는 한자어

가축	家畜	미분	微分	좌표	座標
개념	槪念	변태	變態	중복	重複
거리	距離	병렬	竝列	증산	蒸散
건전지	乾電池	보호	保護	진동	振動
건조	乾燥	분열	分裂	질병	疾病
경화	硬化	비율	比率	창공	蒼空
고사	枯死	삼림	森林	첨단	尖端
광물	鑛物	석순	石筍	탄성	彈性
교외	郊外	세균	細菌	태양력	太陽曆
근거	根據	세제	洗劑	토양	土壤
기생	寄生	세포	細胞	파종	播種
기압	氣壓	소음	騷音	폐활량	肺活量
내성	耐性	습도	濕度	포물선	抛物線
냉각	冷却	승화	昇華	포화	飽和
농도	濃度	악취	惡臭	피뢰침	避雷針
뇌사	腦死	액정	液晶	핵	核
동사	凍死	영하	零下	홍수	洪水
둔각	鈍角	용암	鎔巖	확대	擴大
맹수	猛獸	우열	優劣	환경	環境
맹점	盲點	자외선	紫外線		
모순	矛盾	조직	組織		

脚 각

훈	음	부수	총획
다리	각	肉(月)	11

용례
- 橋脚(교각):다리의 몸체를 받치는 기둥
- 脚色(각색):시, 소설, 실화 따위를 각본으로 고쳐 쓰는 일
- 脚光(각광):사회적 관심이나 흥미

渴 갈

훈	음	부수	총획
목마를	갈	水(氵)	12

용례
- 渴望(갈망):간절히 바람
- 解渴(해갈):목마름을 해소함

鋼 강

훈	음	부수	총획
강철	강	金	16

용례
- 鋼鐵(강철):무쇠를 열처리하여 강도(强度)와 인성(靭性)을 높인 쇠, '심신이 단단하고 굳셈'을 비유하여 이르는 말
- 鐵鋼(철강):주철과 강철을 아울러 이르는 말

降 강

훈	음	부수	총획
① 내릴 ② 항복할	① 강 ② 항	阜(阝)	9

용례
- 下降(하강):높은 곳에서 아래로 향하여 내려옴
- 降服(항복):적이나 상대편의 힘에 눌리어 굴복(屈伏)함

皆 개

훈	음	부수	총획
다	개	白	9

용례
- 擧皆(거개):거의 모두
- 皆骨山(개골산):금강산(金剛山)의 겨울이름 (잎이 져서 바위가 그대로 드러난 모습이 온통 뼈만 보이는 것과 비슷하다는 데에서 유래)

健 건

훈	음	부수	총획
건강할 굳셀	건	人(亻)	11

용례
- 保健(보건):건강을 지켜 나가는 일
- 强健(강건):몸이나 기력이 실하고 튼튼함

檢 검

훈	음	부수	총획
검사할	검	木	17

용례
- 檢擧(검거):수사 기관이 범죄의 예방, 공공 안전의 유지, 범죄의 수사를 위하여 용의자를 일시적으로 억류하는 일
- 檢算(검산):계산의 결과가 맞는지 다시 확인하기 위한 별도의 계산

堅 견

훈	음	부수	총획
굳을	견	土	11

용례
- 堅固(견고):굳고 튼튼함
- 堅持(견지):굳게 지님

선정 한자 익히기

 **潔** 결

훈	음	부수	총획
깨끗할	결	水(氵)	15

용례
- 潔白(결백):1.깨끗하고 흼
  2.행동이나 마음 따위가 깨끗하고 허물이 없음
- 淸潔(청결):(지저분한 것을 없애어) 맑고 깨끗함

 **境** 경

훈	음	부수	총획
지경	경	土	14

용례
- 境界(경계):1.지역이 갈라지는 한계
  2.어떤 분야와 다른 분야와의 갈라지는 한계
- 死境(사경):죽음에 이른 경지, 죽게 된 지경

 **鷄** 계

훈	음	부수	총획
닭	계	鳥	21

용례
- 養鷄場(양계장):여러 가지 필요한 설비를 갖추어 두고 닭을 먹여 기르는 곳
- 金鷄(금계):꿩과의 새. 번식이 쉽고 추위에 강하여 관상용으로 길러진다.

 **庫** 고

훈	음	부수	총획
곳집	고	广	10

용례
- 寶庫(보고):귀중한 물건을 간수해 두는 창고
- 金庫(금고):1.화재나 도난을 막기 위하여 돈, 귀중한 서류, 귀중품 따위를 간수하여 보관하는 데 쓰는 궤, 또는 창고
  2.국가나 공공 단체의 현금 출납 기관

 **坤** 곤

훈	음	부수	총획
땅	곤	土	8

용례
- 乾坤(건곤):1.하늘과 땅. 천지
  2.하늘과 땅을 상징하는 '건'과 '곤' 두 괘의 이름
- 坤德(곤덕):유순하여 거스르지 않는 덕(德). 황후(皇后)의 덕

 **群** 군

훈	음	부수	총획
무리	군	羊	13

용례
- 群落(군락):1.많은 부락
  2.생육 조건(生育條件)이 같은 식물이 어떤 지역에 떼 지어 나 있는 것
- 群衆心理(군중심리):많은 사람이 모였을 때, 자제력을 잃고 다른 사람의 언동에 쉽사리 따라 움직이는 충동적인 심리. 대중심리(大衆心理)

 **級** 급

훈	음	부수	총획
등급	급	糸	10

용례
- 等級(등급):값, 품질, 신분 따위의 높고 낮음이나 좋고 나쁨의 차를 여러 층으로 나눈 급수
- 高級(고급):높은 등급(계급) ↔ 저급(低級)

 **暖** 난

훈	음	부수	총획
따뜻할(=煖)	난	日	13

용례
- 暖房(난방):(인공적으로) 건물 전체의 안이나 또는 방 안을 따뜻하게 하는 일, 또는 그 장치 ↔ 냉방(冷房)
- 暖流(난류):적도 부근의 저위도 지역에서 고위도 지역으로 흐르는 따뜻한 해류

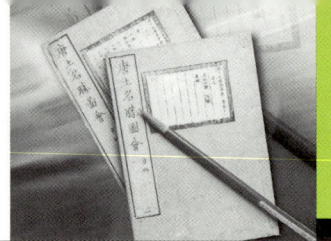

	훈	음	부수	총획
難 난	어려울	난	隹	19

용례
- 難解(난해):이해(해결)하기 어려움
- 論難(논란):남의 잘못이나 부정을 논하여 비난함

	훈	음	부수	총획
斷 단	끊을	단	斤	18

용례
- 禁斷(금단):어떤 행위를 못하도록 금함
- 無斷(무단):사전에 허락이 없음. 또는 사유를 말함이 없음
- 斷絶(단절):서로 통하지 못하게 가로막거나 끊음

	훈	음	부수	총획
段 단	층계 조각	단	殳	9

용례
- 手段(수단):어떤 목적을 이루기 위한 방법. 또는 그 도구
- 段階(단계):일의 차례를 따라 나아가는 과정

	훈	음	부수	총획
豆 두	콩	두	豆	7

용례
- 綠豆(녹두):콩과에 속하는 1년초. 팥보다 작고 녹색인 열매를 맺음
- 豆乳(두유):물에 불린 콩을 간 다음 물을 붓고 끓여 걸러서 만든 우유 같은 액체

	훈	음	부수	총획
浪 랑	물결	랑	水(氵)	10

용례
- 風浪(풍랑):1.바람과 물결
  2.바람결에 따라 일어나는 물결
- 流浪(유랑):정처 없이 떠돌아다님. 방랑(放浪)

	훈	음	부수	총획
麥 맥	보리	맥	麥	11

용례
- 麥酒(맥주):알코올성 음료의 하나. 엿기름에 홉(hop)을 넣어 발효시킨 술
- 米麥(미맥):쌀과 보리를 아울러 이르는 말

	훈	음	부수	총획
戊 무	천간	무	戈	5

용례
- 戊夜(무야):五更(오경), 오전 3시~5시
- 戊戌(무술):육십(六十) 갑자(甲子)의 서른다섯째

	훈	음	부수	총획
浮 부	뜰	부	水(氵)	10

용례
- 浮上(부상):1.물 위로 오름
  2.어떤 능력이나 정도가 드러나거나 오르는 일
- 浮揚(부양):가라앉은 것이 떠오름, 또는 떠오르게 함

선정 한자 익히기

훈	음	부수	총획
쏠	사	寸	10

용례
- 反射(반사):1.빛이나 전파 따위가 어떤 물체의 표면에 부딪혀 되돌아오는 현상
  2.자극에 대하여 기계적으로 일어나는 신체의 생리적인 반응
- 發射(발사):총포나 로켓 따위를 쏨

훈	음	부수	총획
서리	상	雨	17

용례
- 霜害(상해):서리로 인한 피해
- 雪上加霜(설상가상):[눈 위에 또 서리가 덮인 격이라는 뜻으로] '어려운 일이 연거푸 일어남'을 비유하여 이르는 말

훈	음	부수	총획
비록	수	隹	17

용례
- 雖然(수연):그렇지만, 그렇다지만, 비록 ~라 하더라도. 비록 ~라고는 하지만

훈	음	부수	총획
베풀	시	方	9

용례
- 施賞(시상):상장이나 상품, 상금 따위를 줌
- 實施(실시):실제로 시행함

훈	음	부수	총획
깊을	심	水(氵)	11

용례
- 深層(심층):1.사물의 속이나 밑에 있는 깊은 층
  2.겉으로 드러나지 않은, 사물이나 사건의 내부 깊숙한 곳
- 水深(수심):강이나 바다, 호수 따위의 물의 깊이

훈	음	부수	총획
바위	암	山	23

용례
- 巖壁(암벽):벽처럼 깎아지른 듯이 높이 솟은 바위
- 奇巖(기암):기이하게 생긴 바위

훈	음	부수	총획
지경	역	土	11

용례
- 區域(구역):갈라놓은 지역
- 墓域(묘역):묘소(墓所)로 정한 구역

훈	음	부수	총획
연기	연	火	13

용례
- 吸煙(흡연):담배를 피움
- 煙氣(연기):무엇이 불에 탈 때에 생겨나는 흐릿한 기체나 기운

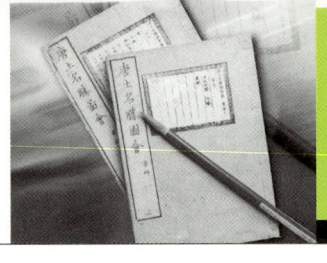

한 자 자 격 시 험 준 3 급

훈	음	부수	총획
불꽃 더울	염	火	8

용례
- 鼻炎(비염):코의 점막에 생기는 염증
- 暴炎(폭염):갑작스러운 된더위. 매우 심한 더위

훈	음	부수	총획
경영할	영	火	17

용례
- 經營(경영):이익이 나도록 회사나 사업 따위를 운영함
- 運營(운영):(어떤 일이나 조직 따위를) 운용하여 경영함

훈	음	부수	총획
둥글	원	口	13

용례
- 圓滿(원만):모나지 않고 두루 너그러움
- 圓周(원주):원의 둘레

훈	음	부수	총획
창자	장	肉 (月)	13

용례
- 斷腸(단장):'창자가 끊어질 듯한 슬픔이나 괴로움'을 이르는 말
- 腸炎(장염):창자에 생기는 염증

훈	음	부수	총획
① 끊을, 간절할 ② 온통, 모두	① 절 ② 체	刀	4

용례
- 切斷(절단):끊어 냄. 잘라 냄
- 一切(일체):(명사)모든 것. 온갖 것
- 一切(일절):(부사)아주, 전혀, 절대로의 뜻으로, 흔히 사물을 부인하거나 행위를 금지할 때에 쓰는 말

훈	음	부수	총획
점	점	黑	17

용례
- 點字(점자):손가락으로 더듬어 읽도록 만든 맹인용 문자
- 點檢(점검):낱낱이 검사함. 또는 그런 검사

훈	음	부수	총획
장정 천간	정	一	2

용례
- 丁男(정남):한창때의 남자
- 壯丁(장정):나이가 젊고 기운이 좋은 남자

훈	음	부수	총획
모든	제	言	16

용례
- 諸島(제도):모든 섬. 또는 여러 섬
- 諸君(제군):'여러분', '그대들'의 뜻으로, 나이가 서로 비슷한 벗이나 손아랫사람에게 쓰는 말

1. 자연, 수학, 환경

선정 한자 익히기

훈	음	부수	총획
증거 증명할	증	言	19

용례
- 檢證(검증):1.검사하여 증명함
  2.법관이 직접 자기의 감각으로 물체의 성질과 모양 또는 사물의 현상을 조사하여 증거의 자료로 삼는 일
- 住民登錄證(주민등록증):주민등록법에 따라, 일정한 거주지에 거주하는 주민임을 나타내는 증명서

且

훈	음	부수	총획
또	차	一	5

용례
- 且置(차치):1.다음으로 미루어 문제(問題) 삼지 않음
  2.우선(于先) 내버려 둠
- 重且大(중차대):매우 중요함

훈	음	부수	총획
빌릴	차	人(亻)	10

용례
- 借用(차용):돈이나 물건을 빌려서 씀
- 假借(가차):정하지 않고 잠시만 빌리는 것. 임시로 빌림

훈	음	부수	총획
얕을	천	水(氵)	11

용례
- 淸淺(청천):물이 맑고 얕음
- 淺學(천학):학식이 얕음. 또는 그런 사람

훈	음	부수	총획
소	축	一	4

용례
- 丑時(축시):1.십이시의 둘째 시. 오전 1시부터 3시까지의 동안
  2.이십사시의 셋째 시. 오전 1시 30분부터 2시 30분 까지의 동안
- 丑年(축년):태세(太歲)의 지지(地支)가 축(丑)으로 된 해. [을축년(乙丑年)·정축년(丁丑年) 따위] 소띠해

훈	음	부수	총획
높을	탁	十	8

용례
- 圓卓(원탁):둥근 탁자
- 卓球(탁구):나무로 만든 탁자의 가운데에 네트를 치고 라켓으로 공을 쳐 넘겨 승부를 겨루는 구기 경기

훈	음	부수	총획
숯	탄	火	9

용례
- 煉炭(연탄):무연탄과 목탄 등에 점결제(粘結劑)를 섞어서 굳혀 만든 연료
- 炭水化物(탄수화물):탄소와 물 분자로 이루어진 유기 화합물

훈	음	부수	총획
클	태	水(氺)	10

용례
- 泰平(태평):1.세상이 안정되고 풍년이 들어 아무 걱정이 없고 평안함
  2.성격이 느긋하여 근심걱정 없이 태연함
- 泰然(태연):(태도나 기색이) 아무렇지 않고 예사로움

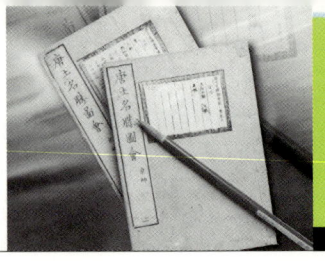

한 자 자 격 시 험 준 3 급

	훈	음	부수	총획
痛 (통)	아플	통	疒	12

용례
- 痛快(통쾌):아주 즐겁고 시원하여 유쾌함
- 哀痛(애통):슬퍼하고 가슴 아파함

	훈	음	부수	총획
破 (파)	깨뜨릴 깰	파	石	10

용례
- 破産(파산):가산을 모두 날려 버림. 도산(倒産)
- 打破(타파):부정적인 규정, 관습, 제도 따위를 깨뜨려 버림

	훈	음	부수	총획
板 (판)	널빤지	판	木	8

용례
- 鐵板(철판):쇠로 된 넓은 조각
- 看板(간판):기관, 상점, 영업소 따위에서 이름이나 판매 상품, 업종 따위를 써서 사람들의 눈에 잘 뜨이게 걸거나 붙이는 표지

	훈	음	부수	총획
票 (표)	표 쪽지	표	示	11

용례
- 投票(투표):선거를 할 때 투표용지에 의사를 표시하여 일정한 곳에 내는 일. 또는 그런 표
- 車票(차표):차를 타기 위하여 찻삯을 주고 사는 표

	훈	음	부수	총획
豐 (풍)	풍년	풍	豆	13

용례
- 豊盛(풍성):넉넉하고 많음
- 豊年(풍년):곡식이 잘 자라고 잘 여물어 평년보다 수확이 많은 해

	훈	음	부수	총획
彼 (피)	저	피	彳	8

용례
- 於此彼(어차피):이렇게 하든지 저렇게 하든지. 또는 이렇게 되든지 저렇게 되든지
- 彼此(피차):저것과 이것을 아울러 이르는 말

	훈	음	부수	총획
何 (하)	어찌	하	人(亻)	7

용례
- 何必(하필):다른 방도를 취하지 아니하고 어찌하여 꼭
- 何如間(하여간):어찌하든지 간에

	훈	음	부수	총획
亥 (해)	돼지	해	亠	6

용례
- 亥年(해년):지지(地支)가 해(亥)로 된 해. 돼지해
- 亥時(해시):1.십이시의 열두째 시. 밤 9시부터 11시까지
  2.이십사시의 스물셋째 시. 밤 9시 30분부터 10시 30분까지

1. 자연, 수학, 환경

선정 한자 익히기

 虛 허

훈	음	부수	총획
빌	허	虍	12

용례
- 虛脫(허탈):멍하여 힘이 빠지고 일이 손에 안잡히는 상태
- 虛點(허점):불충분하거나 허술한 점. 또는 주의가 미치지 못하거나 틈이 생긴 구석

 虎 호

훈	음	부수	총획
범	호	虍	8

용례
- 虎穴(호혈):범의 굴. 매우 위험한 곳을 비유
- 虎皮(호피):호랑이의 털가죽

 胸 흉

훈	음	부수	총획
가슴	흉	肉(月)	10

용례
- 胸部(흉부):가슴 부분
- 胸像(흉상):사람의 모습을 가슴까지만 표현한 그림이나 조각

 吸 흡

훈	음	부수	총획
숨들이쉴 마실	흡	口	7

용례
- 吸收(흡수):1.빨아들임
  2.(자신의 것으로) 받아들임
- 吸着(흡착):어떤 물질이 달라붙음

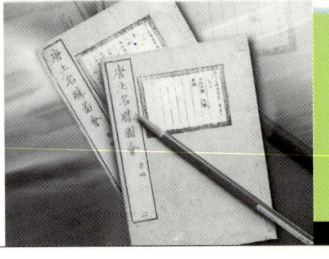

가축 家畜
- 훈음: 집 **가**, 기를 **축**
- 풀이: 집에서 기르는 짐승
- 쓰임: 家畜을 기르는 일은 손이 많이 간다.

개념 概念
- 훈음: 대개 **개**, 생각 **념**
- 풀이: 어떤 사물에 대한 대강의 뜻이나 내용
- 쓰임: 용어의 概念을 제대로 이해하여야 한다.

거리 距離
- 훈음: 떨어질 **거**, 떠날 **리**
- 풀이: 두 점 사이를 잇는 직선의 길이
- 쓰임: 물체의 이동距離는 속력과 시간에 비례한다.

건전지 乾電池
- 훈음: 하늘 **건**, 번개 **전**, 못 **지**
- 풀이: 휴대하거나 다루기에 편리하도록 만든 일차 전지
- 쓰임: 乾電池의 수명이 다해서 새것으로 교체했다.

건조 乾燥
- 훈음: 마를 **건**, 마를 **조**
- 풀이: 습기나 물기가 없는 마른 상태
- 쓰임: 乾燥한 봄철에는 산불을 조심해야 한다.

교과서 한자어 자세히 알기

경화 硬化
- **훈음**: 굳을 **경**, 될 **화**
- **풀이**: 물건이나 몸의 조직 따위가 단단하게 굳어짐
- **쓰임**: 평소 기름진 육식 위주의 식단은 비만과 동맥硬化를 불러 올 수 있다.

고사 枯死
- **훈음**: 마를 **고**, 죽을 **사**
- **풀이**: 나무나 풀이 말라죽음
- **쓰임**: 오랜 가뭄으로 농작물들이 枯死했다.

광물 鑛物
- **훈음**: 쇳돌 **광**, 만물 **물**
- **풀이**: 지각 속에 섞여 있는 천연의 무기물
- **쓰임**: 이 나라의 산간 지방에는 鑛物 자원이 풍부하다.

교외 郊外
- **훈음**: 들 **교**, 바깥 **외**
- **풀이**: 도시의 주변 지역
- **쓰임**: 주말이면 郊外로 놀러나가는 차들로 길이 막힌다.

근거 根據
- **훈음**: 뿌리 **근**, 의거할 **거**
- **풀이**: 어떤 의견이나 논의 따위의 이유 또는 바탕이 되는 것
- **쓰임**: 논설문에서 주장은 어떤 문제에 대하여 내세우는 글쓴이의 의견이고, 根據는 그 주장을 뒷받침하는 내용이다.

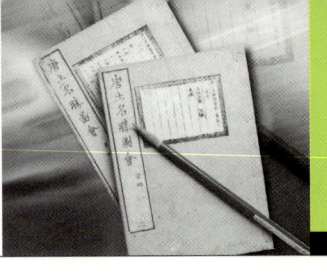

한자자격시험준3급

기생 寄生
- **훈음** 부칠 **기**, 날 **생**
- **풀이** 서로 다른 종류의 생물이 함께 생활하며, 한쪽이 이익을 얻고 다른 쪽이 해를 입고 있는 생활 형태
- **쓰임** 유기농 경작지에서는 오리를 이용해 벼에 寄生하는 해충을 잡는다.

기압 氣壓
- **훈음** 기운 **기**, 누를 **압**
- **풀이** 대기의 압력
- **쓰임** 공기는 氣壓이 높은 곳에서 낮은 곳으로 이동한다.

내성 耐性
- **훈음** 견딜 **내**, 성품 **성**
- **풀이** 환경 조건의 변화에 견딜 수 있는 생물의 성질
- **쓰임** 약물의 장기간 복용으로 강한 耐性이 생겼다.

냉각 冷却
- **훈음** 찰 **랭**, 물리칠 **각**
- **풀이** 식어서 차게 됨
- **쓰임** 그 액체를 冷却시키면 고체가 된다.

농도 濃度
- **훈음** 짙을 **농**, 법도 **도**
- **풀이** 용액의 묽고 진한 정도
- **쓰임** 용액에 녹아 있는 용질의 양이 많을수록 濃度가 짙다.

1. 자연, 수학, 환경

교과서 한자어 자세히 알기

뇌사 腦死
- **훈음**: 뇌 **뇌**, 죽을 **사**
- **풀이**: 뇌의 기능이 완전히 멈추어 본디 상태로 되돌아가지 않는 상태
- **쓰임**: 장기이식 수술의 성공률이 높아지면서 腦死 상태 환자의 사망 판단 여부가 중요한 사회적 이슈로 떠올랐다.

동사 凍死
- **훈음**: 얼 **동**, 죽을 **사**
- **풀이**: 얼어죽음
- **쓰임**: 겨울에는 노숙자들이 凍死하는 경우가 있다.

둔각 鈍角
- **훈음**: 무딜 **둔**, 뿔 **각**
- **풀이**: 90도 보다 크고 180도 보다 작은 각
- **쓰임**: 한 각의 크기가 90도보다 큰 삼각형을 鈍角삼각형이라고 한다.

맹수 猛獸
- **훈음**: 사나울 **맹**, 짐승 **수**
- **풀이**: 사나운 짐승
- **쓰임**: 그 정글에는 猛獸가 산다.

맹점 盲點
- **훈음**: 눈멀 **맹**, 점 **점**
- **풀이**: 시세포가 없어서 빛깔이나 색을 느끼지 못하는 망막의 희고 둥근 부분
- **쓰임**: 盲點은 시신경이 지나가는 통로로 시세포가 분포하지 않는다.

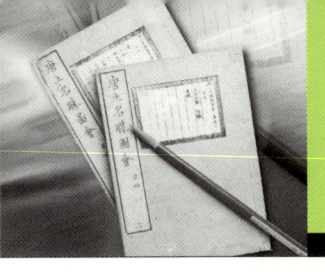

모순 矛盾

- **훈음**: 창 **모**, 방패 **순**
- **풀이**: 어떤 사실의 앞뒤, 또는 두 사실이 이치상 어긋나서 서로 맞지 않음을 이르는 말
- **쓰임**: 그의 말은 그의 행동과 矛盾된다.

미분 微分

- **훈음**: 작을 **미**, 나눌 **분**
- **풀이**: 어떤 함수의 미분 계수를 구하는 셈 법. 미분학의 준말
- **쓰임**: 수학에서 접선의 기울기는 微分으로 구할 수 있다.

변태 變態

- **훈음**: 변할 **변**, 모양 **태**
- **풀이**: 본래의 형태가 변하여 달라짐. 또는 그런 상태
- **쓰임**: 곤충은 變態의 과정을 거쳐 성충으로 자란다.

병렬 竝列

- **훈음**: 아우를 **병**, 벌일 **렬**
- **풀이**: 2개 이상의 전지 따위를 같은 극끼리 연결하는 일
- **쓰임**: 전지를 연결하는 방법에는 직렬과 竝列이 있다.

보호 保護

- **훈음**: 지킬 **보**, 보호할 **호**
- **풀이**: 약한 것을 잘 돌보아 지킴
- **쓰임**: 자연 환경을 잘 保護해야 한다.

1. 자연, 수학, 환경

교과서 한자어 자세히 알기

분열 分裂
- **훈음**: 나눌 **분**, 찢을 **렬**
- **풀이**: 찢어져 나누어짐
- **쓰임**: 정치가 혼란하면 사회가 分裂되기 쉽다.

비율 比率
- **훈음**: 견줄 **비**, 비율 **률(율)**
- **풀이**: 둘 이상의 수를 비교해 나타낼 때, 그중 한 수를 기준으로 하여 나타낸 다른 수의 비교 값
- **쓰임**: 모든 경우의 수에 대한 어떤 사건이 일어날 경우의 수의 比率을 확률이라고 한다.

삼림 森林
- **훈음**: 빽빽할 **삼**, 수풀 **림**
- **풀이**: 나무가 많이 우거진 곳
- **쓰임**: 森林을 잘 가꾸면 많은 자원을 얻을 수 있다.

석순 石筍
- **훈음**: 돌 **석**, 죽순 **순**
- **풀이**: 종유굴 안의 천장에 있는 종유석에서 떨어진 탄산칼슘의 용액이 물과 이산화탄소의 증발로 굳어 죽순(竹筍) 모양으로 이루어진 돌 기둥
- **쓰임**: 동굴 바닥에는 石筍이 자라고 있으니 걸려 넘어지지 않도록 조심해야 한다.

세균 細菌
- **훈음**: 가늘 **세**, 버섯 **균**
- **풀이**: 생물체 가운데 가장 미세하고 가장 하등에 속하는 단세포 생활체
- **쓰임**: 백혈구는 식균작용을 통해 병원성 細菌을 죽인다.

세제 洗劑
- **훈음**: 씻을 **세**, 약지을 **제**
- **풀이**: 물에 풀어서 고체의 표면에 붙은 이물질을 씻어 내는 데 쓰는 물질
- **쓰임**: 쌀뜨물은 훌륭한 천연洗劑이다.

세포 細胞
- **훈음**: 가늘 **세**, 세포 **포**
- **풀이**: 생물체를 이루는 기본 단위
- **쓰임**: 코끼리가 쥐보다 큰 이유는 코끼리의 細胞수가 쥐보다 많기 때문이다.

소음 騷音
- **훈음**: 시끄러울 **소**, 소리 **음**
- **풀이**: 불규칙하게 뒤섞여 불쾌하고 시끄러운 소리
- **쓰임**: 새로 개발된 전기자동차는 엔진騷音이 거의 없다.

습도 濕度
- **훈음**: 젖을 **습**, 법도 **도**
- **풀이**: 공기 가운데 수증기가 들어 있는 정도
- **쓰임**: 濕度가 높은 장마철에는 음식에 곰팡이가 슬지 않도록 조심해야 한다.

승화 昇華
- **훈음**: 오를 **승**, 빛날 **화**
- **풀이**: 고체가 액체상태를 거치지 않고 기체로 변하는 일
- **쓰임**: 昇華 현상이 나타날 때 흡수되는 열을 昇華열이라고 한다.

교과서 한자어 자세히 알기

악취 惡臭
- **훈음**: 악할 **악**, 냄새 **취**
- **풀이**: 불쾌한 냄새
- **쓰임**: 쓰레기의 惡臭가 코를 찌른다.

액정 液晶
- **훈음**: 진액 **액**, 맑을 **정**
- **풀이**: 액체와 고체의 중간 상태에 있는 물질
- **쓰임**: 液晶은 압력, 온도에 민감하게 반응하여 시계, 탁상 계산기의 문자 표시 등에 응용한다.

영하 零下
- **훈음**: 떨어질 **령**, 아래 **하**
- **풀이**: 온도계가 가리키는 온도가 섭씨 0도 이하임을 나타내는 말
- **쓰임**: 겨울에는 최고기온이 零下로 떨어지기도 한다.

용암 鎔巖
- **훈음**: 녹일 **용**, 바위 **암**
- **풀이**: 화산의 분화구에서 분출된 마그마, 또는 그것이 냉각·응고된 암석
- **쓰임**: 화산의 폭발로 화산재와 鎔巖이 분출되었다.

우열 優劣
- **훈음**: 넉넉할 **우**, 못할 **렬**
- **풀이**: 나음과 못함
- **쓰임**: 두 선수의 실력은 優劣을 가리기가 어렵다.

자외선
紫外線

- **훈음**: 자주빛 **자**, 바깥 **외**, 줄 **선**
- **풀이**: 태양 스펙트럼에서 보랏빛의 바깥쪽에 나타나는 광선. 파장이 엑스선보다 길고, 가시광선보다 짧은 전자기파
- **쓰임**: 紫外線이 강한 겨울 스키장에서는 선글라스를 필수적으로 착용해야 한다.

조직
組織

- **훈음**: 짤 **조**, 짤 **직**
- **풀이**: 동일한 기능과 구조를 가진 세포의 집단
- **쓰임**: 세포의 組織안에 있는 노폐물과 이산화탄소는 組織을 지나는 혈액으로 전달되어 밖으로 배출된다.

좌표
座標

- **훈음**: 자리 **좌**, 표할 **표**
- **풀이**: 평면이나 공간 안의 임의의 점의 위치를 나타내는 수나 수의 짝
- **쓰임**: 함수를 座標로 나타내어 보면 원하는 값을 보다 쉽게 찾을 수 있다.

중복
重複

- **훈음**: 무거울 **중**, 거듭 **복**
- **풀이**: 거듭하거나 겹침
- **쓰임**: 곱하기는 같은 수를 重複해서 더하는 것을 말한다.

증산
蒸散

- **훈음**: 찔 **증**, 흩을 **산**
- **풀이**: 증발하여 흩어짐
- **쓰임**: 식물체 내의 물이 수증기가 되어 기공을 통하여 배출되는 현상이 蒸散 작용이다.

교과서 한자어 자세히 알기

진동 振動
- **훈음**: 떨칠 **진**, 움직일 **동**
- **풀이**: 같은 모양으로 반복하여 흔들려 움직임
- **쓰임**: 시계추는 振動한다.

질병 疾病
- **훈음**: 병 **질**, 병 **병**
- **풀이**: 몸의 온갖 기능의 장애로 말미암은 병
- **쓰임**: 疾病은 치료보다 예방이 더 중요하다.

창공 蒼空
- **훈음**: 푸를 **창**, 빌 **공**
- **풀이**: 푸른 하늘
- **쓰임**: 인간은 비행기를 발명함으로써 蒼空을 나는 꿈을 이루었다.

첨단 尖端
- **훈음**: 뾰족할 **첨**, 끝 **단**
- **풀이**: 맨 앞장
- **쓰임**: 그 기업은 尖端 기술을 개발하는 데에 앞장서고 있다.

탄성 彈性
- **훈음**: 튀길 **탄**, 성품 **성**
- **풀이**: 물체에 외부에서 힘을 가하면 부피와 모양이 바뀌었다가, 그 힘을 제거하면 본디의 모양으로 되돌아가려고 하는 성질
- **쓰임**: 용수철을 압축시킬수록 물체에 작용하는 彈性력의 크기는 커진다.

한 자 자 격 시 험 준 3 급

태양력
太陽曆

- **훈음** 클 **태**, 볕 **양**, 책력 **력**
- **풀이** 지구가 태양을 한 번 도는 시간을 1년으로 삼는 달력
- **쓰임** 태음력은 太陽曆과는 달리 달을 기준으로 한다.

토양
土壤

- **훈음** 흙 **토**, 흙 **양**
- **풀이** 식물에 영양을 공급하여 자라게 할 수 있는 흙
- **쓰임** 농약과 화학비료의 과다 사용으로 土壤이 오염되었다.

파종
播種

- **훈음** 뿌릴 **파**, 씨 **종**
- **풀이** 논밭에 곡식의 씨앗을 뿌림
- **쓰임** 봄이 되면 논밭에 播種을 한다.

폐활량
肺活量

- **훈음** 허파 **폐**, 살 **활**, 헤아릴 **량**
- **풀이** 허파 속에 최대한도로 공기를 빨아들여 다시 배출하는 공기의 양
- **쓰임** 자주 웃는 습관은 면역체계를 활성화하여 肺活量을 증가시킨다.

포물선
抛物線

- **훈음** 던질 **포**, 물건 **물**, 줄 **선**
- **풀이** 물체가 반원 모양을 그리며 날아가는 선
- **쓰임** 이차함수를 그래프로 옮기면 抛物線이 된다.

1. 자연, 수학, 환경

교과서 한자어 자세히 알기

www.hanja114.org

포화 / 飽和
- 훈음: 배부를 **포**, 화할 **화**
- 풀이: 더할 수 없는 양에 이르러 가득 찬 상태
- 쓰임: 공기 속에 포함되어 있는 수증기량이 같더라도 온도에 따라 飽和 상태가 되기도 하고 불飽和상태가 되기도 한다.

피뢰침 / 避雷針
- 훈음: 피할 **피**, 우레 **뢰**, 바늘 **침**
- 풀이: 벼락의 피해를 막기 위하여 건물의 가장 높은 곳에 세우는, 끝이 뾰족한 금속제의 막대기
- 쓰임: 고층 건물의 옥상에는 避雷針을 꽂아두어 감전과 화재로부터 건물을 보호해야한다.

핵 / 核
- 훈음: 핵 **핵**
- 풀이: 중심이 되는 것. 원자핵
- 쓰임: 세포 하나에 하나의 核이 있어 세포의 증식과 유전에 큰 구실을 한다.

홍수 / 洪水
- 훈음: 넓을 **홍**, 물 **수**
- 풀이: 큰 물. 비가 많이 와서 하천이 넘치거나 땅이 물에 잠기게 된 상태
- 쓰임: 이 지역은 이번 여름에 洪水로 큰 피해를 보았다.

확대 / 擴大
- 훈음: 넓힐 **확**, 큰 **대**
- 풀이: 늘여서 크게 함
- 쓰임: 그는 잘 나온 사진을 골라서 擴大하였다.

환경 / 環境
- 훈음: 고리 **환**, 지경 **경**
- 풀이: 생물에게 직접·간접으로 영향을 주는 자연적 조건이나 사회적 상황
- 쓰임: 모든 동·식물은 주변 環境의 영향을 받으며 자란다.

1-2. 교과서 한자어 자세히 알기

고사성어

어려울 난 / 형 형 / 어려울 난 / 아우 제

 난형난제

'형인지 아우인지 알기 어렵다.' 는 말로, 우열을 가리기가 어렵고 비슷비슷함을 뜻함

「양상군자(梁上君子)」라는 고사로 유명한 후한(後漢) 말기의 진식(陳寔)은 태구(太丘)의 현령(縣令)이란 말직에 있으면서도, 그의 아들 진기(陳紀·字, 元方), 진심(陳諶·字, 季方)과 함께 '삼군(三君, 세 명의 군자)' 으로 불릴 정도로 그 덕망이 높았습니다.

어느날 손님 한 분이 진식의 집에 찾아왔습니다. 진식은 진기와 진심 두 형제에게 밥을 짓도록 시켜두고 손님과 토론에 열중했습니다.

두 형제는 부엌에서 밥을 지으며 사랑채에서 들려오는 아버지와 손님의 토론에 귀를 기울였습니다. 그러는 사이 그만 이야기에 정신이 팔려 밥을 죽처럼 만들어 버렸습니다. 두 아들은 무릎을 꿇고 아버지께 사실대로 알린 다음 용서를 빌었습니다. 그러나 어려운 시구와 정치적인 이야기를 즐기는 진식은 어른들의 어려운 대화 내용을 알아들은 아이들이 기특했습니다. 진식은 아이들을 너그럽게 용서해주고, 아이들과 함께 토론하는 것을 즐겼다고 합니다.

그 후, 10여년의 세월이 흘렀습니다.

진기와 진심은 어릴 적의 총명함 그대로 장성하여 높은 관직에 올랐습니다. 그리고 어진 아내를 만나 결혼을 하고 아들을 낳았습니다.

어느 날, 진기(陳紀)의 아들 진군(陳群)이 진심(陳諶)의 아들 진충(陳忠)과 서로 자기 아버지의 공적과 덕행을 자랑하며, 서로 제 아버지가 더 훌륭하다고 주장을 했습니다. 종일을 옥신각신했으나 결판이 나지 않았습니다.

결국 두 아이들은 할아버지인 진식(陳寔)에게 누구의 아버지가 더 훌륭한지 판가름해 달라고 했습니다. 그러자 진식이 이렇게 대답했습니다.

"원방(元方·진기(陳紀))을 형이라고 하기 어렵고, 계방(季方·진심(陳諶))도 동생이라고 하기 어렵구나.[元方難爲兄 季方難爲弟]"

이 말은 결국 '형도 그렇게 훌륭한 동생의 형 노릇하기가 어렵고, 동생도 그렇게 훌륭한 형의 동생 노릇하기가 어려우니, 누가 더 훌륭하고 누가 더 못하다는 것을 가릴 수 없다' 는 뜻입니다.

이처럼, 둘 중 어느 하나가 더 나은지 판가름하기 어려울 때, 난형난제(難兄難弟)라는 말을 씁니다.

고사성어와 한자성어

중구난방

'여러 사람의 입은 막기가 어렵다.'는 말로 많은 사람이 마구 떠들어대는 소리는 감당하기 어렵다는 뜻

「임금님 귀는 당나귀 귀」라는 유명한 우화가 있습니다. 왕의 권력으로도 궁중 이발사 한사람의 입을 막지 못하고, 결국 나라 안의 온 백성이 임금의 귀가 크다는 것을 알게 되었다는 내용입니다.

이야기에서와 같이, 중구난방(衆口難防)이란 말은 입에서 입으로 퍼지는 대중의 말을 한 사람이 막기는 어렵다는 뜻으로 쓰입니다. 이 말은 주나라의 충신이 왕에게 간하여 말하는 대목에서 처음 등장했습니다.

당시 주(周)나라는 여왕(厲王)이 군주로서 군림하고 있었습니다. 여왕(厲王)은 아주 잔인하고, 사치스러운 왕이었습니다. 그는 왕실의 재정을 키운다는 명목으로, 조세를 과하게 걷으며 온갖 착취를 일삼았습니다. 백성들의 원성이 높아지자 왕은 아무도 자기를 비판하지 못하도록 함구령(緘口令 : 어떤 일의 내용을 말하지 말라는 명령)을 내렸습니다. 왕은 함구령을 지키지 않고 왕을 비방하는 백성들에게 잔인한 형벌을 내렸습니다. 왕의 탄압에 공개적으로 그를 비난하는 사람은 줄었으나 제후들과 백성들의 분노는 쌓여만 갔습니다. 아무리 친한 사람을 만나도 말을 하지 못하고 눈짓만으로 한없는 원망을 주고받았습니다.

주나라 왕실의 중신인 소공(召公)은 백성들의 원한이 깊어지는 것을 염려하여 왕에게 이렇게 충언(忠言)을 했습니다.

"백성들의 입을 막는 것은 냇물을 막는 일보다 더한 일입니다. 강물이 막혔다가 터지면 많은 사람들이 다치게 됩니다. 백성들도 역시 마찬가지입니다. 그러므로 강을 다스리는 사람은 물이 흘러가도록 하고, 백성을 다스리는 사람은 백성들의 생각하는 바를 말할 수 있게 해야 합니다."

그러나 여왕은 소공의 말을 듣지 않고 함구령을 계속 밀고 나갔습니다. 결국 백성들은 왕의 폭정을 참지 못하고 난을 일으켰습니다. 여왕(厲王)은 즉위한지 3년만에 왕좌에서 쫓겨나 평생을 갇혀 살게 되었습니다. 주나라 조정은 왕의 자리를 공석으로 비워두고, 14년간 공화정(共和政: 여러 사람이 주권을 갖고 통치하는 정치체제)을 실시했습니다.

한 사람의 입도 막고자 하면 많은 노력이 필요한 법입니다. 그래서 세상에는 비밀이 없다고도 합니다. 하물며 여러 사람의 입임에야 더 말할 나위가 없을 것입니다. 위정자의 자리에 있는 사람이 어진 정치를 하고자 한다면, 뭇 사람의 소리 하나하나에 귀를 기울일 줄 알아야 합니다. 대중의 의견을 귀담아 듣고, 더 나은 방향을 모색해 나가려는 지혜가 필요할 것입니다.

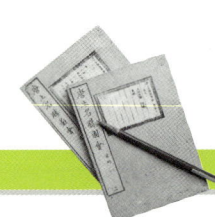

 알아두면 유익한 한자성어

多事多難
많을 다 / 일 사 / 많을 다 / 어려울 난

> 🧘 **다사다난**
> 여러 가지로 일도 많고 어려움도 많음

目不識丁
눈 목 / 아니 불 / 알 식 / 고무래 정

> 🧘 **목불식정**
> "丁 자를 보고도 '고무래' 임을 알지 못한다." 뜻으로 글자를 전혀 모름, 또는 그런 사람을 비유해 이르는 말. '낫놓고 기역자도 모른다'

三人成虎
석 삼 / 사람 인 / 이룰 성 / 범 호

> 🧘 **삼인성호**
> '세 사람이면 없는 호랑이도 만들어 낸다.' 는 말로, 거짓말이라도 여러 사람이 하면 참말로 듣는다는 뜻

雪上加霜
눈 설 / 윗 상 / 더할 가 / 서리 상

> 🧘 **설상가상**
> '눈 위에 서리가 더해진다.' 라는 뜻으로, 나쁜 일이 연달아 생겨나는 경우를 이르는 말

1. 자연, 수학, 환경

고사성어와 한자성어

양호유환
養虎遺患 (기를 양, 범 호, 남길 유, 근심 환)
'호랑이를 길러서 근심을 남긴다'는 말로, 화근이 될 만한 일을 시작하여 걱정거리가 생김을 뜻함

육하원칙
六何原則 (여섯 륙, 어찌 하, 언덕·근본 원, 법칙 칙)
기사 작성을 할 때 지켜야 하는 필수 조건으로, '누가, 언제, 어디서, 무엇을, 어떻게, 왜'의 여섯 가지 원칙을 이르는 말

일도양단
一刀兩斷 (한 일, 칼 도, 두 량, 끊을 단)
'한 칼로 쳐서 두 동강이를 낸다'는 뜻으로, 일이나 행동을 머뭇거리지 않고 과감히 처리함을 이르는 말

종두득두
種豆得豆 (심을 종, 콩 두, 얻을 득, 콩 두)
'콩을 심으면 콩을 얻는다.'는 뜻으로, 어떤 원인이 있으면 그에 따른 결과가 온다는 말

1-3. 알아두면 유익한 한자성어

진퇴양난

進(나아갈 진) 退(물러날 퇴) 兩(두 량) 難(어려울 난)

'(앞으로) 나아가거나 (뒤로) 물러나는 것 두 가지가 모두 어려움'이라는 뜻으로, 이러기도 어렵고 저러기도 어려운 매우 난처한 처지에 놓여 있음을 이르는 말

탁상공론

卓(책상 탁) 上(윗 상) 空(빌 공) 論(의논할 론)

실제적인 이용 가치도 없는 것을 두고 둘러 앉아 의논한다는 뜻

태산북두

泰(클 태) 山(메 산) 北(북녘 북) 斗(별이름 두)

'태산과 북두칠성'이라는 뜻으로, ①세상 사람들로부터 존경을 받는 사람 ②어떤 전문 분야에서의 권위자를 비유하여 이르는 말

태연자약

泰(클 태) 然(그러할 연) 自(스스로 자) 若(같을 약)

'태연하여 변동이 없다.'는 뜻으로, 외부의 원인에 의해서도 전혀 아무렇지도 않은 듯이 멀쩡함을 이르는 말

단원 마무리 연습문제

♣ 다음 ( )안에 공통으로 들어갈 한자를 〈보기〉에서 골라 쓰세요. (1~8)

보기
潔　煙　豊　巖
胸　健　級　施

1. (　　)部, (　　)像
2. (　　)盛, (　　)年
3. (　　)壁, 奇(　　)
4. 吸(　　), (　　)氣
5. 强(　　), 保(　　)
6. (　　)白, 淸(　　)
7. (　　)賞, 實(　　)
8. 等(　　), 高(　　)

♣ 다음 〈보기〉의 한자를 조합하여 설명에 맞는 한자어를 쓰세요. (9~15)

보기
鷄　光　解　算　場　庫　卓
看　脚　渴　檢　球　寶　養　板

9. 계산의 결과가 맞는지 다시 확인하기 위한 별도의 계산
   (　　　　　　)

10. 기관, 상점, 영업소 따위에서 이름이나 판매 상품, 업종 따위를 써서 사람들의 눈에 잘 뜨이게 걸거나 붙이는 표지
    (　　　　　　)

11. 사회적 관심이나 흥미
    (　　　　　　)

12. 목마름을 해소함
    (　　　　　　)

13. 여러 가지 필요한 설비를 갖추어 두고 닭을 먹여 기르는 곳
    (　　　　　　)

14. 나무로 만든 탁자의 가운데에 네트를 치고 라켓으로 공을 쳐 넘겨 승부를 겨루는 구기 경기
    (　　　　　　)

15. 귀중한 물건을 간수해 두는 창고
    (　　　　　　)

♣ 다음 문장의 ( )안에 들어갈 한자어가 바르게 쓰인 것을 고르세요. (16~19)

16. 두 사람의 한자실력은 (　)을 가리기가 어렵다.
    ① 槪念　② 根據　③ 竝列　④ 優劣

17. 일정한 온도에서 더 이상 용해될 수 없는 한계까지 녹아 있는 최대량의 용질을 포함한 용액을 (　)용액이라 한다.
    ① 飽和　② 微分　③ 分裂　④ 惡臭

18. 기온이 (　)로 떨어졌다.
    ① 冷却　② 枯死　③ 氣壓　④ 零下

19. (　)들은 목장에서 한가로이 풀을 뜯어먹고 있었다.
    ① 鑛物　② 家畜　③ 濃度　④ 疾病

♣ 다음에 주어진 설명이 뜻하는 한자어를 고르세요. (20~23)

20. 말이나 행동 또는 사실의 앞뒤가 서로 맞지 않음
① 矛盾　② 鈍角　③ 保護　④ 比率

21. 논밭에 곡식의 씨앗을 뿌리는 일
① 森林　② 郊外　③ 蒸散　④ 播種

22. 맑고 푸른 하늘
① 擴大　② 蒼空　③ 猛獸　④ 太陽曆

23. 물기나 습기가 말라서 없어짐
① 昇華　② 凍死　③ 乾燥　④ 洪水

♣ 다음 지시에 적합한 한자를 〈보기〉에서 골라 써 보세요. (24~30)

보기

深　堅　地　域　降　暖　斷

24. 難와(과) 소리가 같은 것? (　　　)

25. 鋼와(과) 소리가 같은 것? (　　　)

26. 段와(과) 소리가 같은 것? (　　　)

27. 淺와(과) 반대의 뜻을 가진 것? (　　　)

28. 坤와(과) 의미가 유사한 것? (　　　)

29. 固와(과) 의미가 유사한 것? (　　　)

30. 境와(과) 의미가 유사한 것? (　　　)

♣ 다음 한자의 뜻과 음을 쓰세요. (31~34)

31. 庫　(　　　)
32. 戊　(　　　)
33. 麥　(　　　)
34. 諸　(　　　)

♣ 다음 한자어의 독음을 쓰세요. (35~40)

35. 切斷　(　　　)
36. 暴炎　(　　　)
37. 煉炭　(　　　)
38. 泰然　(　　　)
39. 何如間　(　　　)
40. 吸着　(　　　)

정답

1. 胸	2. 豊	3. 巖	4. 煙
5. 健	6. 潔	7. 施	8. 級
9. 檢算	10. 看板	11. 脚光	12. 解渴
13. 養鷄場	14. 卓球	15. 寶庫	16. ④
17. ①	18. ④	19. ②	20. ①
21. ④	22. ②	23. ③	24. 暖
25. 降	26. 斷	27. 深	28. 地
29. 堅	30. 域	31. 곳집 고	32. 천간 무
33. 보리 맥	34. 모든 제	35. 절단	36. 폭염
37. 연탄	38. 태연	39. 하여간	40. 흡착

2 언어의 세계

2-1. 선정 한자 익히기
2-2. 교과서 한자어 자세히 알기
2-3. 알아두면 유익한 한자성어
2-4. 단원 마무리 연습문제

| 학습의 주안점 |
이 단원에서는 언어의 세계와 관련 있는 한자들을 읽고 쓰며, 그 뜻을 정확히 알도록 노력합시다.

www.hanja114.org

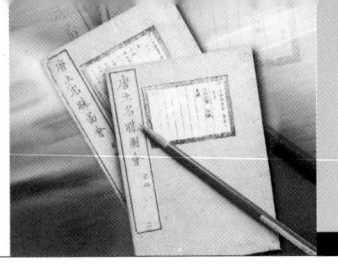

새로 익힐 선정 한자

敢	감히	감	象	코끼리	상	于	어조사	우
卷	책	권	尙	오히려	상	云	이를	운
旣	이미	기	誰	누구	수	猶	같을	유
導	인도할	도	須	모름지기	수	唯	오직	유
略	간략할	략	秀	빼어날	수	吟	읊을	음
錄	기록할	록	術	재주	술	矣	어조사	의
莫	없을	막	甚	심할	심	議	의논할	의
晩	늦을	만	我	나	아	已	이미	이
勉	힘쓸	면	哀	슬플	애	哉	어조사	재
鳴	울	명	也	어조사	야	專	오로지	전
墨	먹	묵	於	어조사	어	卽	곧	즉
勿	말	물	憶	생각할	억	之	갈	지
凡	무릇	범	亦	또	역	只	다만	지
扶	도울	부	悅	기쁠	열	盡	다할	진
副	버금	부	悟	깨달을	오	此	이	차
朋	벗	붕	吾	나	오	推	밀	추
飛	날	비	曰	가로	왈	吹	불	취
祕	숨길	비	謠	노래	요	篇	책	편
寫	베낄	사	尤	더욱	우	乎	어조사	호
狀	모양	상	又	또	우	或	혹	혹

교과서에 나오는 한자어

간단	簡單	무영	無影	역할	役割
감탄문	感歎文	반영	反映	영혼	靈魂
거절	拒絕	백미	白眉	은유법	隱喩法
경향	傾向	번안	飜案	음운	音韻
고취	鼓吹	부록	附錄	의문문	疑問文
과장	誇張	비교	比較	이면	裏面
관련	關聯	비명	碑銘	저항	抵抗
귀신	鬼神	비속어	卑俗語	점층법	漸層法
긍정	肯定	비평	批評	정리	整理
기고	寄稿	빙장	聘丈	정서	情緒
낭만주의	浪漫主義	사전	辭典	제안	提案
냉담	冷淡	사항	事項	직유법	直喩法
대본	臺本	상징	象徵	첨삭	添削
대조	對照	상황	狀況	초상	肖像
도치	倒置	서술	敍述	추천	推薦
막	幕	소위	所謂	함축	含蓄
매화	梅花	수필	隨筆	해몽	解夢
맥락	脈絡	심의	審議	휘호	揮毫
명사	名詞	액자소설	額子小說	희곡	戱曲
모방	模倣	억양	抑揚		
모의	謀議	여정	旅程		

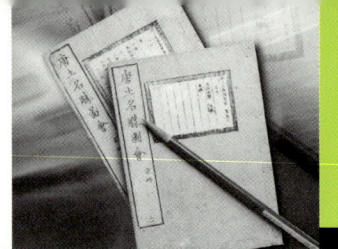

	훈	음	부수	총획
敢 감	감히 구태여	감	攴 (攵)	12

용례
- 果敢(과감):과단성이 있고 용감함
- 敢行(감행):과감하게 실행함

	훈	음	부수	총획
卷 권	책	권	卩 (㔾)	8

용례
- 席卷(석권):돗자리를 만다는 뜻으로, 빠른 기세로 영토를 휩쓸거나 세력 범위를 넓힘을 이르는 말. 석권(席捲)
- 全卷(전권):1.한 권의 책 전부.
2.여러 권으로 된 책의 전부.

	훈	음	부수	총획
旣 기	이미	기	无	11

용례
- 旣婚(기혼):이미 결혼함
- 旣得權(기득권):특정한 자연인, 법인, 국가가 정당한 절차를 밟아 이미 차지한 권리

	훈	음	부수	총획
導 도	인도할	도	寸	16

용례
- 引導(인도):이끌어 지도함
- 指導(지도):어떤 목적이나 방향으로 남을 가르쳐 이끎

	훈	음	부수	총획
略 략	간략할	략	田	11

용례
- 省略(생략):전체에서 일부를 줄이거나 뺌
- 略圖(약도):간략하게 줄여 주요한 것만 대충 그린 도면이나 지도

	훈	음	부수	총획
錄 록	기록할	록	金	16

용례
- 錄音(녹음):소리를 재생할 수 있도록 기계로 기록하는 일
- 登錄(등록):문서에 올림
- 目錄(목록):어떤 물품의 이름이나 책 제목 따위를 일정한 순서로 적은 것

	훈	음	부수	총획
莫 막	없을	막	艸 (艹)	11

용례
- 莫重(막중):매우 중요함
- 莫大(막대):엄청나게 많음. 매우 크고 많음
- 莫上莫下(막상막하):더 낫고 더 못함의 차이가 거의 없음

	훈	음	부수	총획
晚 만	늦을 저물	만	日	11

용례
- 晩學(만학):(보통 사람보다) 나이가 들어서 공부를 시작함
- 大器晩成(대기만성):남달리 뛰어난 큰 인물은 보통 사람보다 늦게 대성한다는 말

선정 한자 익히기

면

훈	음	부수	총획
힘쓸	면	力	9

용 례
- 勉學(면학):학문에 힘씀
- 勤勉(근면):아주 부지런함. 부지런히 힘씀

명

훈	음	부수	총획
울	명	鳥	14

용 례
- 悲鳴(비명):몹시 놀라거나 괴로울 때 지르는 외마디 소리
- 自鳴鐘(자명종):일정한 시간이 되면 스스로 울려서 시각을 알려주는 시계

묵

훈	음	부수	총획
먹	묵	土	15

용 례
- 墨香(묵향):먹의 향기
- 水墨畵(수묵화):화선지에 수묵으로 짙고 연한 효과를 내어 그린 그림

물

훈	음	부수	총획
말 금지할	물	勹	4

용 례
- 勿忘草(물망초):지치과의 여러해살이풀. 전체에 털이 많고 뿌리에서 잎이 모여 남. 봄부터 여름에 걸쳐 흰색, 자주색, 남색의 꽃이 핌
- 勿論(물론): 말할 것도 없음

범

훈	음	부수	총획
무릇 평범할	범	几	3

용 례
- 非凡(비범):평범하지 않음. 특히 뛰어남
- 平凡(평범):뛰어나거나 색다른 점이 없이 보통임

부

훈	음	부수	총획
도울 붙들	부	手 (扌)	7

용 례
- 扶助(부조):1.남을 도와줌
  2.잔칫집이나 상가(喪家) 등에 내는 돈이나 물건
- 扶養(부양):생활 능력이 없는 사람의 생활을 돌봄

부

훈	음	부수	총획
버금 다음	부	刀 (刂)	11

용 례
- 副業(부업):본업 외에 따로 가지는 직업
- 副題(부제):(주로 내용을 알리기 위하여) 책이나 논문 등의 제목 밑에 덧붙이는 작은 제목

붕

훈	음	부수	총획
벗	붕	月	8

용 례
- 朋友有信(붕우유신):오륜(五倫)의 하나. 벗 사이의 도리는 믿음에 있음

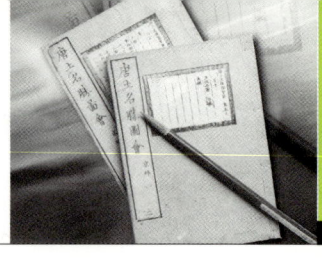

한 자 자 격 시 험 준 3 급

훈	음	부수	총획
날	비	飛	9

용례
- 飛行(비행):(항공기 등이) 하늘을 날아다님
- 飛虎(비호):나는 듯이 빠르게 달리는 범

훈	음	부수	총획
숨길 감출	비	示	10

용례
- 祕密(비밀):숨기어 남에게 드러내거나 알리지 말아야 할 일
- 極祕(극비):'극비밀'의 준말. 더 없이 중요한 비밀

훈	음	부수	총획
베낄 쓸	사	宀	15

용례
- 寫眞(사진):물체의 형상을 감광막 위에 나타나도록 찍어 오랫동안 보존할 수 있게 만든 영상
- 寫本(사본):원본을 그대로 베낌. 또는 베낀 책이나 서류

훈	음	부수	총획
①모양 ②문서	①상 ②장	犬	8

용례
- 形狀(형상):생긴 모양
- 賞狀(상장):상을 주는 뜻을 표하여 주는 증서

훈	음	부수	총획
코끼리	상	豕	12

용례
- 現象(현상):지각(知覺)할 수 있는 사물의 모양이나 상태
- 氣象(기상):대기 중에서 일어나는 물리적인 현상을 통틀어 이르는 말. 바람, 구름, 비, 눈, 더위, 추위 등

훈	음	부수	총획
오히려	상	小	8

용례
- 崇尙(숭상):높이어 소중하게 여김
- 高尙(고상):(인품이나 학문, 취미 등이) 정도가 높으며 품위가 있음

훈	음	부수	총획
누구	수	言	15

용례
- 誰何(수하):누구
- 誰昔(수석):옛날. 그 옛날

훈	음	부수	총획
모름지기	수	頁	12

용례
- 必須(필수):반드시 있어야 하는 것. 꼭 필요한 것

선정 한자 익히기

	훈	음	부수	총획
**수**	빼어날 뛰어날	수	禾	7

용례
- 秀才(수재):머리가 좋고 재주가 뛰어난 사람 ↔ 둔재 (鈍才)
- 秀作(수작):우수한 작품

	훈	음	부수	총획
**술**	재주 꾀	술	行	11

용례
- 技術(기술):어떤 일을 정확하고 능률적으로 해내는 솜씨
- 美術(미술):그림·조각·건축·공예·서예 등의 예술 활동

	훈	음	부수	총획
**심**	심할	심	甘	9

용례
- 極甚(극심):아주 심함
- 甚至於(심지어):심하게는. 심하다 못해 나중에는

	훈	음	부수	총획
**아**	나 우리	아	戈	7

용례
- 我執(아집):개체적인 자아를 실체인 것으로 믿고 집착하는 일
- 無我境(무아경):정신이 한곳에 온통 쏠려 스스로를 잊고 있는 경지. 무아지경(無我之境)

	훈	음	부수	총획
**애**	슬플	애	口	9

용례
- 哀歡(애환):슬픔과 기쁨
- 哀惜(애석):슬프고 아까움

	훈	음	부수	총획
**야**	어조사	야	乙(乚)	3

용례
- 及其也(급기야):마침내. 필경(畢竟)에는
- 獨也靑靑(독야청청):남들이 모두 절개를 꺾는 상황 속에서도 홀로 절개를 굳세게 지키고 있음을 비유적으로 이르는 말

	훈	음	부수	총획
**어**	어조사	어	方	8

용례
- 於此彼(어차피):이렇게 하든지 저렇게 하든지. 또는 이렇게 되든지 저렇게 되든지
- 於中間(어중간):거의 중간쯤 되는 데

	훈	음	부수	총획
**억**	생각할	억	心(忄)	16

용례
- 記憶(기억):지난 일을 잊지 않고 외워 둠. 또는 그 내용
- 追憶(추억):지난 일을 돌이켜 생각함

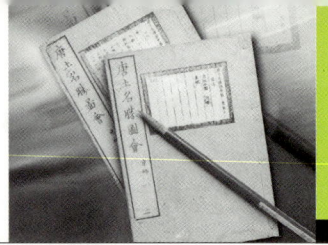

 亦 역	훈	음	부수	총획
	또	역	亠	6

용례
- 亦是(역시): 1.또한 2.예상대로
- 亦然(역연): 역시 그러함, 마찬가지로

悅 열	훈	음	부수	총획
	기쁠	열	心(忄)	10

용례
- 悅愛(열애): 기뻐하고 사랑함
- 喜悅(희열): 기쁨과 즐거움. 희락(喜樂)

 悟 오	훈	음	부수	총획
	깨달을	오	心(忄)	10

용례
- 覺悟(각오): (앞으로 닥칠 일에 대비하여) 마음의 준비를 함. *覺(깨달을 각, 3급)
- 改悟(개오): 잘못을 깨닫고 뉘우침

吾 오	훈	음	부수	총획
	나	오	口	7

용례
- 吾等(오등): 우리들
- 吾鼻三尺(오비삼척): 내 코가 석자. 자기 사정이 급하여 남을 돌볼 겨를이 없음을 이르는 말

 曰 왈	훈	음	부수	총획
	가로	왈	曰	4

용례
- 曰可曰否(왈가왈부): (옳다느니 그르다느니 말한다는 뜻으로) '이러쿵저러쿵 말함'을 이르는 말

 謠 요	훈	음	부수	총획
	노래	요	言	17

용례
- 歌謠(가요): 민요, 동요, 속요, 유행가 따위를 통틀어 이르는 말
- 童謠(동요): 어린이들이 즐겨 부르는 노래, 또는 어린이를 위하여 지은 노래

 尤 우	훈	음	부수	총획
	더욱	우	尢	4

용례
- 尤極(우극): 더욱
- 尤甚(우심): 더욱 심함

 又 우	훈	음	부수	총획
	또	우	又	2

용례
- 又驚又喜(우경우희): 놀란 위에 또 기뻐함

선정 한자 익히기

우

훈	음	부수	총획
어조사	우	二	3

용례
- 于先(우선):(무엇을 하기에 앞서) 먼저
- 于今(우금):지금까지

운

훈	음	부수	총획
이를	운	二	4

용례
- 云云(운운):글이나 말을 인용하거나 중도에서 끊어 생략할 때, '이러이러함'의 뜻으로 쓰는 말
- 云爲(운위):말과 행동

유

훈	음	부수	총획
같을	유	犬(犭)	12

용례
- 過猶不及(과유불급):정도를 지나침은 미치지 못함과 같다.
- 猶不足(유부족):아직도 모자람. 또는 오히려 모자람

유

훈	음	부수	총획
오직	유	口	11

용례
- 唯一(유일):오직 그 하나밖에 없음
- 唯我獨尊(유아독존):1.세상에서 자기만이 잘났다고 뽐내는 일
  2.〈천상천하 유아독존(天上天下 唯我獨尊)〉의 준말

음

훈	음	부수	총획
읊을	음	口	7

용례
- 吟味(음미):1.시가(詩歌)를 읊조리며 그 깊은 뜻을 맛봄
  2.사물의 내용이나 속뜻을 깊이 새기어 맛봄
- 吟遊詩人(음유시인):중세 유럽에서 여러 지방을 떠돌아다니면서 시를 읊었던 시인

의

훈	음	부수	총획
어조사	의	矢	7

용례
- 萬事休矣(만사휴의):무슨 수를 써도 가망이 없음
- 矣乎(의호):영탄의 조사
  *矣:주로 단정이나 개탄의 기분을 나타내는 어조사

의

훈	음	부수	총획
의논할	의	言	20

용례
- 議論(의논):(어떤 일을 해결하기 위하여) 서로 의견을 주고받음
- 議員(의원):국회나 지방 의회와 같은 합의체(合議體)의 구성원으로 의결권을 가진 사람

이

훈	음	부수	총획
이미	이	己	3

용례
- 已往(이왕):지나간 때. 이전(以前)
- 不得已(부득이):마지못하여 하는 수 없이

	훈	음	부수	총획
哉	어조사	재	口	9

용 례
- 快哉(쾌재):통쾌한 일, 또는 '통쾌하다'고 하는 말
- 乎哉(호재):감탄(感歎)을 표시(表示)하는 말. ~런가 ~로다
- *哉:감탄 완료 등을 나타내는 어조사

	훈	음	부수	총획
專	오로지	전	寸	11

용 례
- 專攻(전공):(어느 일정한 부문에 대하여) 전문적으로 연구함
- 專門醫(전문의):의학의 일정한 분과를 전문으로 하는 의사

	훈	음	부수	총획
卽	곧	즉	卩	9

용 례
- 卽席(즉석):1.(일이 진행되는) 바로 그 자리. 앉은 자리
  2.그 자리에서 곧 무슨 일을 하거나 무엇을 만드는 일
- 卽興曲(즉흥곡):즉흥적인 악상을 소품 형식으로 지은 악곡

	훈	음	부수	총획
之	갈 어조사	지	丿	4

용 례
- 人之常情(인지상정):사람이라면 누구나 가지는 보통 마음, 또는 생각
- 左之右之(좌지우지):제 마음대로 다루거나 휘두름, 쥐락펴락함

	훈	음	부수	총획
只	다만	지	口	5

용 례
- 但只(단지):다만. 한갓
- 只今(지금):지금. 시방(時方)

	훈	음	부수	총획
盡	다할	진	皿	14

용 례
- 消盡(소진):다 써서 없어짐, 또는 다 써서 없앰
- 極盡(극진):마음과 힘을 다하여 애를 쓰는 것이 매우 지극함

	훈	음	부수	총획
此	이	차	止	6

용 례
- 此後(차후):이 다음, 이뒤
- 此日彼日(차일피일):(이날이다, 저날이다 하는 식으로) 약속이나 기한 따위를 미적미적 미루는 모양

	훈	음	부수	총획
推	밀	추	手(扌)	11

용 례
- 推進(추진):앞으로 밀고 감
- 類推(유추):어떠한 사실을 근거로 하여, 그것과 같은 조건 아래에 있는 다른 사실을 미루어 헤아리는 일

선정 한자 익히기

훈	음	부수	총획
불	취	口	7

용례
- 吹打(취타):지난날 군대에서, 나발, 나각, 대각 등을 불고 북과 바라를 치던 일, 또는 그 군악
- 吹入(취입):1.공기를 불어 넣음
  2.음반이나 녹음 테이프 따위에 소리나 목소리를 녹음함

훈	음	부수	총획
책	편	竹	15

용례
- 千篇一律(천편일률):(시문의 격조가 비슷비슷하다는 뜻으로) 사물이 모두 판에 박은 듯함을 이르는 말
- 短篇(단편):(소설, 영화등에서) 길이가 짧은 작품

훈	음	부수	총획
어조사	호	丿	5

용례
- 斷乎(단호):(결심한 것을 실행하는 태도가) 딱 끊는 듯이 엄격함
- 乎哉(호재):감탄(感歎)을 표시(表示)하는 말. ~런가, ~로다

훈	음	부수	총획
혹	혹	戈	8

용례
- 或是(혹시):만일에, 혹야(或也), 혹여(或如), 혹자(或者)
- 間或(간혹):어쩌다가 띄엄띄엄

한 자 자 격 시 험 준 3 급

간단 簡單
- 훈음: 간략할 **간**, 홑 **단**
- 풀이: 까다롭지 않고 단순함
- 쓰임: 긴 이야기의 요점을 간추려 簡單하게 정리해 보아라.

감탄문 感歎文
- 훈음: 느낄 **감**, 탄식할 **탄**, 글월 **문**
- 풀이: 말하는 이가 듣는 이를 의식하지 않고 자신의 느낌이나 탄식 등을 나타낸 문장
- 쓰임: 감탄형 어미로 끝나는 문장을 感歎文이라고 한다.

거절 拒絶
- 훈음: 막을 **거**, 끊을 **절**
- 풀이: 상대편의 요구, 제안, 선물, 부탁 따위를 받아들이지 않고 물리침
- 쓰임: 그는 내가 제시한 의견을 단호히 拒絶하였다.

경향 傾向
- 훈음: 기울 **경**, 향할 **향**
- 풀이: 현상이나 사상, 행동 따위가 어떤 방향으로 기울어짐
- 쓰임: 김홍도의 '풍속화'는 해학적인 傾向이 강하다.

고취 鼓吹
- 훈음: 북 **고**, 불 **취**
- 풀이: 힘을 내도록 격려하여 용기를 북돋움
- 쓰임: 그 영화의 내용이 애국심을 鼓吹시킨다.

교과서 한자어 자세히 알기

과장 誇張
- **훈음**: 자랑할 **과**, 베풀 **장**
- **풀이**: 사실보다 지나치게 떠벌려 나타냄
- **쓰임**: 誇張법은 강조하기 위한 표현 방법이다.

관련 關聯
- **훈음**: 관계할 **관**, 잇닿을 **련**
- **풀이**: 둘 이상의 사람, 사물, 현상 따위가 서로 관계를 맺어 매여 있음
- **쓰임**: 인터넷에서 정보를 검색할 때 關聯검색어 서비스를 유용하게 활용할 수 있다.

귀신 鬼神
- **훈음**: 귀신 **귀**, 귀신 **신**
- **풀이**: 사람이 죽은 뒤에 남는다는 넋
- **쓰임**: 鬼神 영화를 보면 오싹해진다.

긍정 肯定
- **훈음**: 즐길 **긍**, 정할 **정**
- **풀이**: 어떤 사실이나 생각 따위를 그러하다고 인정함
- **쓰임**: 肯定적인 부모의 태도는 그 아이를 항상 웃게 만든다.

기고 寄稿
- **훈음**: 부칠 **기**, 원고 **고**
- **풀이**: 신문, 잡지 따위에 싣기 위하여 원고를 써서 보냄, 또는 그 원고
- **쓰임**: 신문사에서는 기자의 寄稿를 기다리고 있다.

낭만주의
浪漫主義

- **훈음**: 물결 **랑**, 물질편할 **만**, 주인 **주**, 옳을 **의**
- **풀이**: 꿈이나 공상의 세계를 동경하고 감상적인 정서를 중시하는 창작 태도
- **쓰임**: 浪漫主義 문학 작가들은 감정과 상상력을 마음껏 담았다.

냉담
冷淡

- **훈음**: 찰 **랭**, 맑을 **담**
- **풀이**: 태도나 마음씨가 동정심 없이 차가움. 어떤 대상에 흥미나 관심을 보이지 않음
- **쓰임**: 그는 자못 冷淡한 어조로 대답했다.

대본
臺本

- **훈음**: 대 **대**, 근본 **본**
- **풀이**: 연극이나 영화 등의 대사, 동작, 무대장치 등을 자세히 적어 제작의 기본이 되는 글
- **쓰임**: 그 영화의 臺本을 읽어보고 싶다.

대조
對照

- **훈음**: 대답할 **대**, 비칠 **조**
- **풀이**: 둘 이상의 대상에서 차이점을 찾아 설명하는 방법
- **쓰임**: 시(詩)에서는 對照적인 색채를 사용해 작가의 정서를 드러내기도 한다.

도치
倒置

- **훈음**: 넘어질 **도**, 둘 **치**
- **풀이**: 차례나 위치 따위가 뒤바뀜. 문장 안에서 정상적인 어순이 뒤바뀌는 일
- **쓰임**: 우리말의 수사법중 倒置법은 문장에 생동감을 주어 대체로 시(詩)에 많이 쓰인다.

교과서 한자어 자세히 알기

막 幕
- **훈음**: 막 **막**
- **풀이**: 나누어진 내용의 큰 단락
- **쓰임**: 희곡은 幕과 장으로 이루어진다.

매화 梅花
- **훈음**: 매화 **매**, 꽃 **화**
- **풀이**: 장미과에 속하며 꽃은 3월에 잎이 나기전에 피고, 열매는 6월에 동그랗게 익는다. 열매를 매실이라 하여 먹는다.
- **쓰임**: 온난화의 영향으로 梅花 개화시기가 매년 앞당겨진다.

맥락 脈絡
- **훈음**: 맥 **맥**, 맥락 **락**
- **풀이**: 사물의 연결, 줄거리
- **쓰임**: 이 작품은 역사와 사회의 脈絡 속에서 읽어야 주제를 제대로 파악할 수 있다.

명사 名詞
- **훈음**: 이름 **명**, 말 **사**
- **풀이**: 사물의 이름을 나타내는 품사
- **쓰임**: 사람의 이름은 고유 名詞다.

모방 模倣
- **훈음**: 본뜰 **모**, 본받을 **방**
- **풀이**: 다른 것을 본뜨거나 본받음
- **쓰임**: 模倣은 창조의 어머니다.

한자자격시험 준3급

모의 謀議
- 훈음: 꾀할 **모**, 의논할 **의**
- 풀이: 어떤 일을 꾀하고 의논함
- 쓰임: 그들이 모여서 범행을 謀議하였다.

무영 無影
- 훈음: 없을 **무**, 그림자 **영**
- 풀이: 그림자가 없음
- 쓰임: 불국사에는 無影탑이라 불리는 석가탑이 있다.

반영 反映
- 훈음: 돌이킬 **반**, 비칠 **영**
- 풀이: 다른 것에 영향을 받아 어떤 현상이 나타남
- 쓰임: 그는 작품에 새로운 기법을 최대한 反映하였다.

백미 白眉
- 훈음: 흰 **백**, 눈썹 **미**
- 풀이: 흰 눈썹이라는 뜻으로, 여럿 가운데에서 가장 뛰어난 사람이나 훌륭한 물건을 비유적으로 이르는 말
- 쓰임: '태백산맥'은 대하소설의 白眉이다.

번안 翻案
- 훈음: 번역할 **번**, 책상 **안**
- 풀이: 원작의 내용이나 줄거리는 그대로 두고 풍속, 인명, 지명 따위를 시대나 풍토에 맞게 바꾸어 고침
- 쓰임: 『사랑의 선물』은 방정환 선생이 번역하신 최초의 翻案 동화집이다.

2. 언어의 세계

교과서 한자어 자세히 알기

부록 附錄
- **훈음**: 더할 **부**, 기록할 **록**
- **풀이**: 신문, 잡지 따위의 본지에 덧붙인 지면이나 따로 내는 책자
- **쓰임**: 그 잡지는 본 책보다 附錄이 훨씬 낫다.

비교 比較
- **훈음**: 견줄 **비**, 견줄 **교**
- **풀이**: 둘 이상의 대상에서 그 비슷한 점을 찾아 설명하는 방법
- **쓰임**: 글쓰기 방식은 比較, 대조, 설명, 묘사, 분석, 분류가 있다.

비명 碑銘
- **훈음**: 비석 **비**, 새길 **명**
- **풀이**: 비석에 새긴 글
- **쓰임**: 『해바라기의 碑銘』이라는 책을 읽어 보았다.

비속어 卑俗語
- **훈음**: 낮을 **비**, 풍속 **속**, 말씀 **어**
- **풀이**: 격이 낮고 속된 말
- **쓰임**: 컴퓨터 통신을 할 때에는 익명성 때문에 무책임하게 卑俗語를 많이 사용하기도 한다.

비평 批評
- **훈음**: 비평할 **비**, 평론할 **평**
- **풀이**: 사물의 옳고 그름, 아름다움과 추함 따위를 분석하여 가치를 논함
- **쓰임**: 批評문은 자신의 견해를 논리적으로 전개해서 읽는 사람에게 공감을 자아내어, 작품에 대한 평가에 동의하도록 유도하는 글쓰기이다.

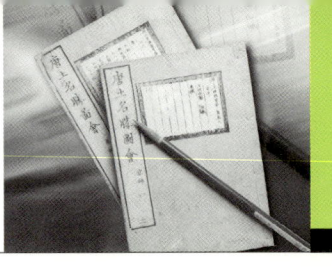

한자자격시험 준3급

빙장 聘丈
- 훈음: 부를 **빙**, 어른 **장**
- 풀이: 장인(丈人), 아내의 아버지
- 쓰임: 장차 그 분은 자네의 聘丈어른이 되실 분이시네.

사전 辭典
- 훈음: 말씀 **사**, 법 **전**
- 풀이: 낱말을 모아 일정한 순서로 배열하여 해설한 책
- 쓰임: 사전에는 백과사전 같은 사전(事典)과 국어사전 같은 사전(辭典)이 있다.

사항 事項
- 훈음: 일 **사**, 목 **항**
- 풀이: 일의 항목이나 내용
- 쓰임: 제품 사용시 유의할 事項은 사용설명서를 참고하시기 바랍니다.

상징 象徵
- 훈음: 코끼리 **상**, 부를 **징**
- 풀이: 표현하려는 대상은 숨기고 다른 사물이 그 사물을 대신하도록 하는, 두 사물의 유사성에 근거하지 않는 표현 방법
- 쓰임: 비둘기는 평화의 象徵이다.

상황 狀況
- 훈음: 모양 **상**, 하물며 **황**
- 풀이: 일이 되어 가는 과정이나 형편
- 쓰임: 狀況에 적절한 표현을 사용하는 것이 쉬운 일은 아니다.

2. 언어의 세계

교과서 한자어 자세히 알기

www.hanja114.org

서술 敍述
- **훈음**: 차례 **서**, 지을 **술**
- **풀이**: 어떤 사실을 차례를 좇아 말하거나 적음
- **쓰임**: 소설의 표현 방법에는 敍述, 묘사, 대화가 있다.

소위 所謂
- **훈음**: 바 **소**, 이를 **위**
- **풀이**: 이른바
- **쓰임**: 所謂 연애란 것을 그 여자는 하지 못했다.

수필 隨筆
- **훈음**: 따를 **수**, 붓 **필**
- **풀이**: 자신의 생각이나 느낌을 형식에 제한 없이 자유롭게 쓴 산문 문학의 한 가지
- **쓰임**: 隨筆은 지은이의 개성이 잘 느껴진다.

심의 審議
- **훈음**: 살필 **심**, 의논할 **의**
- **풀이**: 심사하고 토의함
- **쓰임**: 지나치게 선정적인 장면은 방송 審議 위원회에서 審議하여 삭제하고 방영한다.

액자소설 額子小說
- **훈음**: 이마 **액**, 아들 **자**, 작을 **소**, 말씀 **설**
- **풀이**: 액자안에 그림을 넣듯이 이야기 안에 이야기를 담은 소설
- **쓰임**: 額子小說이란 小說에서, 이야기 속에 또 하나의 이야기가 들어 있는 小說을 말한다.

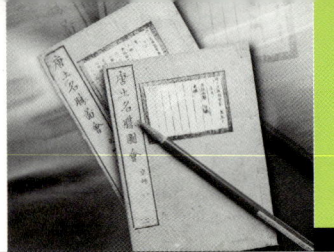

억양 抑揚
- **훈음** 누를 **억**, 떨칠 **양**
- **풀이** 내려가고 올라가는 상대적인 음의 높이나 그런 변화
- **쓰임** 그의 이국적인 抑揚에 신비로운 느낌이 들었다.

여정 旅程
- **훈음** 나그네 **려**, 길 **정**
- **풀이** 여행의 과정이나 일정
- **쓰임** 기행문에는 旅程과 견문이 잘 드러난다.

역할 役割
- **훈음** 부릴 **역**, 벨 **할**
- **풀이** 구실
- **쓰임** 각자 정해진 役割을 연습해서 연극을 준비합시다.

영혼 靈魂
- **훈음** 신령 **령**, 넋 **혼**
- **풀이** 죽은 사람의 넋
- **쓰임** 죽어서도 그의 靈魂은 사랑하는 이의 곁을 떠나지 못했을 것 같다.

은유법 隱喩法
- **훈음** 숨을 **은**, 깨우칠 **유**, 법 **법**
- **풀이** 사물의 본 뜻을 숨기고 암시적으로 비유하여 나타내는 수사법
- **쓰임** 이 시(詩)는 독특한 隱喩法으로 표현된 것이 가장 두드러지는 특징이다.

교과서 한자어 자세히 알기

음운 / 音韻

- **훈음**: 소리 **음**, 운 **운**
- **풀이**: 말의 뜻을 구별해 주는 소리의 가장 작은 단위
- **쓰임**: 국어의 音韻은 자음 19개와 모음 21개로 이루어진다.

의문문 / 疑問文

- **훈음**: 의심 **의**, 물을 **문**, 글월 **문**
- **풀이**: 무엇을 물어서 그 답을 듣고자 하는 형식의 문장
- **쓰임**: 우리말은 끝맺는 어미에 따라 평서문, 감탄문, 疑問文, 명령문, 청유문 등으로 나누어진다.

이면 / 裏面

- **훈음**: 속 **리**, 낯 **면**
- **풀이**: 겉으로 나타나거나 눈에 보이지 않는 부분
- **쓰임**: 그 이야기의 裏面에는 웃음이 아니라 슬픔이 깔려있다.

저항 / 抵抗

- **훈음**: 막을 **저**, 겨룰 **항**
- **풀이**: 어떤 힘이나 조건에 굽히지 아니하고 거역하거나 버팀
- **쓰임**: '이육사'의 시에는 투철한 민족의식과 일제 치하에 대한 抵抗 정신이 돋보인다.

점층법 / 漸層法

- **훈음**: 점차 **점**, 층 **층**, 법 **법**
- **풀이**: 문장의 뜻을 점점 강하고 크고 높게 하여 마침내 절정에 이르도록 하는 수사법
- **쓰임**: 漸層法은 독자를 설득하거나 감동을 주는데 효과적이어서 소설이나 희곡 등에서 사건의 발전을 강조할때 많이 쓴다.

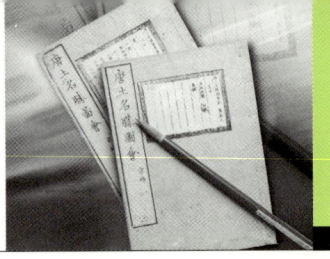

한 자 자 격 시 험 준 3 급

정리 整理
- **훈음**: 가지런할 **정**, 다스릴 **리**
- **풀이**: 흐트러지거나 혼란스러운 상태에 있는 것을 한데 모으거나 치워서 질서 있는 상태가 되게 함
- **쓰임**: 그의 출현으로 최악의 국면으로 치닫던 상황이 의외로 쉽게 整理되었다.

정서 情緒
- **훈음**: 뜻 **정**, 실마리 **서**
- **풀이**: 어떤 일을 경험하거나 생각할 때에 일어나는 갖가지 감정
- **쓰임**: 독자들에게 문학적 감동을 주고 문학적인 情緒를 느끼게 해 주는 데에서도 문학의 아름다움을 찾을 수 있다.

제안 提案
- **훈음**: 제안할 **제**, 책상 **안**
- **풀이**: 의안을 내어 놓음
- **쓰임**: 성공하기 위한 전략 중 하나로 기록하는 습관을 提案한다.

직유법 直喩法
- **훈음**: 곧을 **직**, 깨우칠 **유**, 법 **법**
- **풀이**: 비슷한 성질이나 모양을 가진 두 사물을 '같이', '처럼', '듯이'와 같은 연결어로 결합하여 직접 비유하는 수사법
- **쓰임**: 비유법에는 直喩法, 은유법, 대유법, 활유법 등이 있다.

첨삭 添削
- **훈음**: 더할 **첨**, 깎을 **삭**
- **풀이**: 시문(詩文)이나 답안 따위의 내용 일부를 보태거나 삭제하여 고침
- **쓰임**: 글쓰기 添削 지도를 한다는 광고를 많이 볼 수 있다.

2. 언어의 세계

교과서 한자어 자세히 알기

초상 肖像
- **훈음**: 닮을 **초**, 모양 **상**
- **풀이**: 사진, 그림 따위에 나타낸 사람의 얼굴이나 모습
- **쓰임**: 『젊은 예술가의 肖像』을 읽었다.

추천 推薦
- **훈음**: 옮길 **추**, 천거할 **천**
- **풀이**: 좋거나 알맞다고 생각하는 것을 남에게 권함
- **쓰임**: 생활이 어려운 이중섭을 신문사에 그의 친구가 推薦했지만, 그는 삽화는 그리지 않았다.

함축 含蓄
- **훈음**: 머금을 **함**, 쌓을 **축**
- **풀이**: 풍부한 내용이나 깊은 뜻이 들어 있음
- **쓰임**: 시어는 매우 含蓄적이다.

해몽 解夢
- **훈음**: 풀 **해**, 꿈 **몽**
- **풀이**: 꿈에 나타난 일을 풀어서 좋고 나쁨을 판단함
- **쓰임**: 꿈보다 解夢이 좋다.

휘호 揮毫
- **훈음**: 지휘할 **휘**, 터럭 **호**
- **풀이**: 붓을 휘두른다는 뜻으로, 글씨를 쓰거나 그림을 그리는 것을 이르는 말
- **쓰임**: 스승님은 붓글씨로 신년 揮毫를 쓰신 후 제자에게 선물로 나누어 주셨다.

희곡 戲曲
- **훈음**: 희롱할 **희**, 굽을 **곡**
- **풀이**: 상연을 목적으로 쓰여진 연극의 대본
- **쓰임**: 1930년대 유치진은 리얼리즘 戲曲을 썼고, 광복 이후에는 역사극으로 방향을 돌렸다.

한자자격시험 준3급

 고사성어

지날 과 / 같을 유 / 아니 불 / 미칠 급

 과유불급

'정도를 지나침은 미치지 못하는 것과 같다.'는 뜻

　공자의 제자 중에 자장(子張)과 자하(子夏)라는 사람이 있었습니다. 《論語》에 등장하는 자장과 자하는 아주 대조적인 인물이었습니다. 자장은 기상이 활달하고 생각이 진보적이었는데, 자하는 만사에 조심을 하며 모든 일을 현실적으로 생각했습니다. 또 친구를 사귀는 데 있어서도, 자장은 '천하 사람이 모두 나의 형제'라며 모든 사람을 동등하게 대하였으나, 자하는 '나만 못한 사람을 친구로 삼지 말라'고 제자들을 가르쳤습니다.

　어느 날 한 제자가 공자에게 물었습니다.
"선생님, 자장(子張)과 자하(子夏) 중 어느 쪽이 더 현명합니까?"
제자의 물음에 공자는 이렇게 대답했습니다.
"자장은 아무래도 매사에 지나친 면이 있고, 자하는 부족한 점이 많은 것 같구나."
"그렇다면 자장이 낫겠군요?"
"그렇지 않다. 지나침은 미치지 못한 것과 같다[過猶不及]."

　공자는 '지나친 것은 부족한 것과 같다'는 말을 통해, 치우침 없는 적당하고 공정한 태도가 중요하다는 것을 강조 했습니다. 바로 이런 자세를 중용(中庸:어느 한쪽으로 치우침이 없이 중정(中正)함의 자세)이라고 합니다. 하지만 중용을 지키기란 여간 어려운 일이 아닐 수 없습니다. 때문에 공자는 이런 말도 했습니다.
"천하도 바로 잡을 수 있고, 벼슬도 사양할 수 있고, 칼날도 밟을 수 있지만 중용만은 할 수 없다."

　사람이라면 누구나 어느 정도는 지나치거나 모자라게 마련입니다. 그러나 중용의 덕을 이루기 힘들다고 해서 체념해서는 안 됩니다. 항상 지나치지 않도록, 모자라지 않도록 스스로 노력하는 자세가 중요합니다.

고사성어와 한자성어

內 助 之 功
안 내 도울 조 어조사 지 공 공

내조지공

안에서 돕는 공. 아내가 가정에서 남편이 바깥일을 잘 할 수 있도록 도와주는 것

중국 전국시대(戰國時代)의 일입니다.

위(魏)나라 무제(武帝) 조조에게는 두 아들이 있었습니다. 맏이인 조비(曹丕)는 동생 조식(曹植)에 비해 성격이 유약하고 총명함이 부족했습니다. 조비는 아버지의 편애를 받는 동생 조식이 왕위를 물려받게 될까봐 걱정이 이만저만이 아니었습니다. 결국 조비는 여인 곽씨(군(君)의 장관(長官)인 곽영(郭永)의 딸)의 책략으로, 동생 조식(曹植)을 밀어내고 왕위를 물려받게 되었습니다. 그는 자신이 왕위를 계승 할 수 있도록 도운 곽씨를 총애하게 되었고, 문제(文帝)로 등극한 후, 부인이었던 견후(甄后)를 폐하고 곽씨를 황후로 삼으려고 했습니다. 그러자, 충신이었던 잔잠(棧潛)이 상소를 올려 황제를 말렸습니다.

"옛날 세상을 잘 다스린 제왕에게는 충성스런 신하의 보좌도 있었지만, 어진 아내의 도움(內助之功)도 있었습니다."

잔잠(棧潛)은 이와 같은 말을 하며, 큰일을 하는 사내에게는 어진 아내의 내조가 얼마나 중요한지를 강조했습니다. 그러나, 문제(文帝)는 그의 충언을 듣지 않고 곽씨를 황후로 삼았습니다. 결국, 황후가 된 곽씨는 뒤에 견후(甄后)를 모함하여 죽이고, 간악한 말들로 왕실을 혼란에 빠뜨렸다고 합니다.

잔잠(棧潛)의 말에서 내조지공(內助之功)이란 사내가 큰일을 하려면, 어질고 착한 아내의 도움이 있어야 가능하다는 말입니다. 이후 조비는 여러 가지 정책을 펼쳤으나 큰 성과를 가져오지 못하고, 외척과 귀족들의 세력만 커지게 되었습니다. 결국, 3대만에 사마씨(명문귀족중의 하나)에게 왕위를 넘겨주게 되었습니다.

한자자격시험준3급

알아두면 유익한 한자성어

結者解之
맺을 결 / 놈 자 / 풀 해 / 그것 지

결자해지
'맺은 사람이 그것을 풀어야 한다.'는 뜻으로, 일을 벌인 사람이 그 일을 마무리해야 한다는 의미

苦盡甘來
괴로울 고 / 다할 진 / 달 감 / 올 래

고진감래
'고통이 다하면 기쁨이 온다.'는 뜻

近墨者黑
가까울 근 / 먹 묵 / 놈 자 / 검을 흑

근묵자흑
'먹을 가까이 하는 사람은 검게 된다.'는 뜻으로, 나쁜 사람을 가까이하면 자신도 모르게 물들기 쉽다는 말

莫上莫下
없을 막 / 윗 상 / 없을 막 / 아래 하

막상막하
'위도 없고 아래도 없다.'는 뜻으로, 실력의 차이가 거의 없는 경우에 쓰임

2. 언어의 세계

한 자 자 격 시 험 준 3 급

指呼之間
가리킬 지 / 부를 호 / 어조사 지 / 사이 간

지호지간
손짓으로 부를 만한 가까운 거리

千篇一律
일천 천 / 책 편 / 한 일 / 법 률

천편일률
'천권의 책이 하나의 내용과 형식으로 이루어져 있다.'는 뜻으로, 모두 다 똑같이 그대로라는 뜻

破竹之勢
깨뜨릴 파 / 대나무 죽 / 어조사 지 / 기세 세

파죽지세
'대나무를 쪼개는 기세' 라는 뜻으로, 거침없이 맹렬한 기세를 말함

興盡悲來
흥할 흥 / 다할 진 / 슬플 비 / 올 래

흥진비래
'즐거움이 다하면 슬픔이 온다.'는 뜻

단원 마무리 연습문제

♣ 다음 ( )안에 공통으로 들어갈 한자를 〈보기〉에서 골라 쓰세요.(1~8)

보기
勉　哀　導　扶
寫　莫　悅　議

1. 引(　　), 指(　　)
2. (　　)眞, (　　)本
3. (　　)歡, (　　)惜
4. (　　)學, 勤(　　)
5. (　　)助, (　　)養
6. (　　)愛, 喜(　　)
7. (　　)論, (　　)員
8. (　　)重, (　　)大

♣ 다음 〈보기〉의 한자를 조합하여 설명에 맞는 한자어를 쓰세요. (9~15)

보기
或　盡　消　味　吟　是　勿
術　間　凡　論　美　平　亦

9. 뛰어나거나 색다른 점이 없이 보통임
   (　　　　　)
10. 어쩌다가 띄엄띄엄
    (　　　　　)
11. 또한, 예상대로　(　　　　　)

12. 그림·조각·건축·공예·서예 등의 예술활동
    (　　　　　)
13. 다 써서 없어짐. 또는 다 써서 없앰
    (　　　　　)
14. 말할 것도 없음
    (　　　　　)
15. 시가(詩歌)를 읊조리며 그 깊은 뜻을 맛봄
    (　　　　　)

♣ 다음 문장의 (　)안에 들어갈 한자어가 바르게 쓰인 것을 고르세요.(16~19)

16. 1박 2일의 짧은 (　　)을 마치고 집으로 돌아왔다.
    ① 情緖　② 狀況　③ 肯定　④ 旅程

17. '(　　) 씻나락 까먹는 소리'라는 속담은 이치에 닿지 않는 엉뚱하고 쓸데없는 말을 할 때 사용한다.
    ① 鬼神　② 碑銘　③ 靈魂　④ 肖像

18. (　　)는 사물의 이름을 나타내는 품사이다.
    ① 敍述　② 象徵　③ 名詞　④ 臺本

19. 그 참고서에는 별책(　　)으로 단어장이 따로 들어있다.
    ① 役割　② 附錄　③ 含蓄　④ 脈絡

♣ 다음에 주어진 설명이 뜻하는 한자어를 고르세요. (20~23)

20. 이른바
① 所謂　② 簡單　③ 裏面　④ 推薦

21. 사실보다 지나치게 불려서 나타냄
① 鼓吹　② 白眉　③ 誇張　④ 拒絕

22. 꿈에 나타난 일을 풀어서 좋고 나쁨을 판단함
① 添削　② 解夢　③ 無影　④ 審議

23. 말의 뜻을 구별하여 주는 소리의 가장 작은 단위
① 辭典　② 隨筆　③ 謀議　④ 音韻

♣ 다음 지시에 적합한 한자를 〈보기〉에서 골라 써 보세요. (24~30)

보기
此　卷　猶　只　象　我　亦

24. 之와(과) 소리가 같은 것?　(　　　)

25. 尙와(과) 소리가 같은 것?　(　　　)

26. 唯와(과) 소리가 같은 것?　(　　　)

27. 彼와(과) 반대의 뜻을 가진 것?(　　　)

28. 篇와(과) 의미가 유사한 것?　(　　　)

29. 吾와(과) 의미가 유사한 것?　(　　　)

30. 且와(과) 의미가 유사한 것?　(　　　)

♣ 다음 한자의 뜻과 음을 쓰세요. (31~34)

31. 云 (　　　　　)

32. 悟 (　　　　　)

33. 副 (　　　　　)

34. 朋 (　　　　　)

♣ 다음 한자어의 독음을 쓰세요. (35~40)

35. 略圖　(　　　　　　)

36. 專攻　(　　　　　　)

37. 曰可曰否　(　　　　　　)

38. 追憶　(　　　　　　)

39. 錄音　(　　　　　　)

40. 晚學　(　　　　　　)

정답

1. 導	2. 寫	3. 哀	4. 勉
5. 扶	6. 悅	7. 議	8. 莫
9. 平凡	10. 間或	11. 亦是	12. 美術
13. 消盡	14. 勿論	15. 吟味	16. ④
17. ①	18. ③	19. ②	20. ①
21. ③	22. ②	23. ④	24. 只
25. 象	26. 猶	27. 此	28. 卷
29. 我	30. 亦	31. 이를 운	32. 깨달을 오
33. 버금 부	34. 벗 붕	35. 약도	36. 전공
37. 왈가왈부	38. 추억	39. 녹음	40. 만학

3 사회, 정치, 경제

3-1. 선정 한자 익히기
3-2. 교과서 한자어 자세히 알기
3-3. 알아두면 유익한 한자성어
3-4. 단원 마무리 연습문제

| 학습의 주안점 |
이 단원에서는 사회, 정치, 경제와 관련 있는 한자들을 읽고 쓰며,
그 뜻을 정확히 알도록 노력합시다.

www.hanja114.org

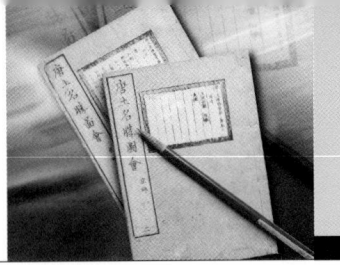

 새로 익힐 선정 한자

監	볼	감	班	나눌	반	員	인원	원
康	편안할	강	倍	갑절	배	威	위엄	위
居	살	거	背	등	배	柔	부드러울	유
件	사건	건	配	짝	배	而	말이을	이
儉	검소할	검	罰	벌할	벌	仁	어질	인
格	격식	격	犯	범할	범	忍	참을	인
警	경계할	경	逢	만날	봉	任	맡길	임
孤	외로울	고	社	모일	사	著	나타날	저
區	나눌	구	傷	상할	상	錢	돈	전
勸	권할	권	喪	초상	상	貞	곧을	정
歸	돌아갈	귀	設	베풀	설	頂	정수리	정
規	법	규	束	묶을	속	制	마를	제
勤	부지런할	근	損	덜	손	從	좇을	종
納	들일	납	淑	맑을	숙	州	고을	주
團	둥글	단	揚	날릴	양	準	법도	준
隊	무리	대	讓	사양할	양	晴	갤	청
覽	볼	람	嚴	엄할	엄	驗	시험	험
留	머무를	류	迎	맞이할	영	刑	형벌	형
類	무리	류	欲	하고자할	욕	混	섞을	혼
免	면할	면	源	근원	원	候	기후	후

 **교과서에 나오는 한자어**

겸임	兼任	미필	未畢	재판	裁判
공급	供給	보상	補償	정당	政黨
과점	寡占	보험	保險	정부	政府
과태료	過怠料	빈부격차	貧富隔差	정책	政策
관습	慣習	사이비	似而非	주식	株式
교섭	交涉	상호	相互	준법	遵法
교정	矯正	생활권	生活圈	증권	證券
교체	交替	서행	徐行	징벌	懲罰
교환	交換	선포	宣布	채무	債務
구속	拘束	선회	旋回	충돌	衝突
규범	規範	수요	需要	투기	投機
금융	金融	신뢰	信賴	특수	特殊
기구	機構	안녕	安寧	폐사	弊社
기소	起訴	여론	輿論	피해	被害
긴장	緊張	예산	豫算	헌법	憲法
내빈	來賓	위원	委員	혼탁	混濁
담보	擔保	위조	僞造	획득	獲得
매체	媒體	위협	威脅	희롱	戲弄
면직	綿織	이윤	利潤	희소	稀少
명예	名譽	임금	賃金		
무역	貿易	자본	資本		

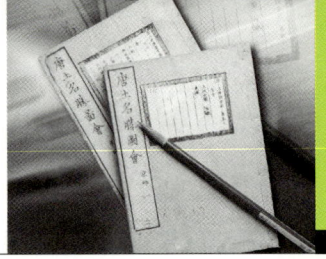

한 자 자 격 시 험 준 3 급

훈	음	부수	총획
볼	감	皿	14

용례
- 監査(감사):감독하고 검사함
- 監視(감시):경계하며 지켜봄

훈	음	부수	총획
편안할	강	广	11

용례
- 康健(강건):기력(氣力)이 좋고 몸이 건강함
- 健康(건강):1.육체가 아무 탈 없이 정상적이고 튼튼함
  2.의식(意識)이나 사상이 바르고 건실함

훈	음	부수	총획
살	거	尸	8

용례
- 居住(거주):일정한 곳에 자리를 잡고 머물러 삶
- 居處(거처):일정하게 자리를 잡고 사는 일, 또는 그 장소

훈	음	부수	총획
사건 물건	건	人(亻)	6

용례
- 物件(물건):1.일정한 형체를 갖추고 있는 모든 물질적 존재
  2.사고파는 물품
- 案件(안건):조사하거나 토의해야 할 사항, 문제가 되어있는 사항

훈	음	부수	총획
검소할	검	人(亻)	15

용례
- 儉素(검소):치레하지 않고 수수함. 꾸밈이 없이 무던함
- 勤儉節約(근검절약):부지런하고 알뜰하게 재물을 아낌

훈	음	부수	총획
격식	격	木	10

용례
- 格式(격식):격에 어울리는 일정한 법식(法式)
- 人格(인격):(말이나 행동 등에 나타나는) 사람의 품격

훈	음	부수	총획
경계할	경	言	20

용례
- 警戒(경계):1.범죄나 사고 등 좋지 않은 일이 일어나지 않도록 미리 마음을 가다듬어 조심함
  2.잘못을 저지르지 않도록 미리 타일러 조심하게 함
- 警告(경고):조심하라고 알림, 또는 그 말

훈	음	부수	총획
외로울	고	子	8

용례
- 孤獨(고독):1.외로움
  2.어려서 부모를 여읜 아이와 자식 없는 늙은이
- 孤立(고립):1.홀로 외따로 떨어져 있음
  2.남과 어울리지 못하고 외톨이가 됨

선정 한자 익히기

훈	음	부수	총획
나눌 구역	구	ㄷ	11

용례
- 區域(구역):갈라놓은 지역
- 區間(구간):어떤 지점과 다른 지점과의 사이

훈	음	부수	총획
권할	권	力	20

용례
- 勸勉(권면):알아듣도록 권하고 격려하여 힘쓰게 함
- 勸告(권고):(어떤 일을 하도록) 타이르며 권함

훈	음	부수	총획
돌아갈	귀	止	18

용례
- 歸家(귀가):집으로 돌아가거나 돌아옴
- 回歸(회귀):한 바퀴 돌아 제자리로 돌아오거나 돌아감

훈	음	부수	총획
법	규	見	11

용례
- 規律(규율):질서나 제도를 유지하기 위하여 정하여 놓은, 행동의 준칙이 되는 본보기
- 規則(규칙):어떤 일을 할 때 여럿이 다 같이 따라 지키기로 약정한 질서나 표준

훈	음	부수	총획
부지런할 일	근	力	13

용례
- 勤勉(근면):아주 부지런함
- 退勤(퇴근):직장에서 근무 시간을 마치고 나옴

훈	음	부수	총획
들일	납	糸	10

용례
- 納稅(납세):세금을 냄
- 完納(완납):모두 납부함

훈	음	부수	총획
둥글 모일	단	口	14

용례
- 團員(단원):단체를 구성하고 있는 사람, 단체에 딸린 사람
- 集團(집단):많은 사람이나 동물, 또는 물건이 모여서 무리를 이룬 상태

훈	음	부수	총획
무리 떼	대	阜 (阝)	12

용례
- 軍隊(군대):일정한 규율과 질서 아래 조직 편제된 군인의 집단
- 部隊(부대):1.(군대의 일부를 이루는) 한 단위의 군인 집단
2.같은 목적 아래 행동을 같이하는 집단

훈	음	부수	총획
볼	람	見	21

용례
- 觀覽(관람):연극, 영화, 운동 경기 따위를 구경함
- 便覽(편람):보기에 편리하도록 간추린 책

훈	음	부수	총획
머무를	류	田	10

용례
- 留保(유보):1.(뒷날로) 미룸
  2.법률에서, 권리나 의무에 관하여 제한을 붙임
- 留學(유학) : 외국에 머물면서 공부함

훈	음	부수	총획
무리 같을	류	頁	19

용례
- 種類(종류):어떤 기준에 따라 나눈 갈래
- 衣類(의류):옷 종류를 통틀어 이르는 말

훈	음	부수	총획
면할	면	儿	7

용례
- 免稅(면세):세금을 면제함
- 減免(감면):매겨야 할 부담 따위를 덜어 주거나 면제함

훈	음	부수	총획
나눌 반열	반	玉 (王)	10

용례
- 班長(반장):'반(班)'이라는 이름을 붙인 집단의 통솔자 또는 책임자
- 分班(분반):둘 또는 그 이상의 반(班)으로 나눔, 또는 그 나뉜 반

훈	음	부수	총획
갑절 곱	배	人 (亻)	10

용례
- 倍數(배수):1.갑절이 되는 수
  2.자연수 A를 다른 자연수 B로 나누어 나머지 없이 떨어질 때 B에 대한 A를 이르는 말
- 倍加(배가):갑절로 늘어남, 또는 갑절로 늘림

훈	음	부수	총획
등	배	肉 (月)	9

용례
- 背景(배경):1.뒤쪽의 경치
  2.무대의 안쪽 벽에 그린 그림, 또는 무대 장치
- 背信(배신):신의를 저버림

훈	음	부수	총획
짝	배	酉	10

용례
- 配分(배분):몫몫이 나누어 줌
- 天生配匹(천생배필):하늘에서 미리 정하여 준 배필이라는 뜻으로, 나무랄 데 없이 신통히 꼭 알맞은 한 쌍의 부부를 이르는 말
- 配達(배달):물건을 가져다가 몫몫으로 나누어 돌림

선정 한자 익히기

훈	음	부수	총획
벌할	벌	网(罒)	14

용례
- 罰則(벌칙):법규를 어겼을 때의 처벌을 정해 놓은 규칙
- 刑罰(형벌):국가가 죄를 범한 자에게 제재를 가함, 또는 그 제재

훈	음	부수	총획
범할	범	犬(犭)	5

용례
- 犯人(범인):죄를 저지른 사람, 범죄인
- 犯罪(범죄):1.죄를 지음, 또는 지은 죄
  2.법률에 따라 형벌을 받아야 할 위법행위

훈	음	부수	총획
만날	봉	辶	11

용례
- 逢着(봉착):맞닥뜨림. 당면함
- 相逢(상봉):서로 만남

훈	음	부수	총획
모일	사	示	8

용례
- 社員(사원):1.회사에 근무하는 사람. 회사원
  2.사단법인을 구성하는 사람
- 會社(회사):상행위 또는 영리 행위를 목적으로 상법에 따라 설립된 사단 법인

훈	음	부수	총획
상할 다칠	상	人(亻)	13

용례
- 傷害(상해):남의 몸에 상처를 내어 해를 입힘
- 傷處(상처):몸을 다쳐서 부상을 입은 자리

훈	음	부수	총획
초상 잃을	상	口	12

용례
- 初喪(초상):1.사람이 죽어서 장사 지낼 때 까지의 일
  2.사람이 죽은 일
- 喪中(상중):1.상(喪)을 당하고부터 장례를 치를 때 까지의 동안, 기중(忌中)
  2.상제로 있는 동안

훈	음	부수	총획
베풀	설	言	11

용례
- 建設(건설):1.건물, 설비, 시설 따위를 새로 만들어 세움
  2.조직체 따위를 새로 이룩함
- 設備(설비):필요한 것을 베풀어서 갖춤, 또는 그런 시설
- 設或(설혹):가정해서 말하여. 설령(設令)

훈	음	부수	총획
묶을	속	木	7

용례
- 約束(약속):장래에 할 일에 대해 상대방과 서로 언약하여 정함
- 團束(단속):주의를 기울여 다잡거나 보살핌

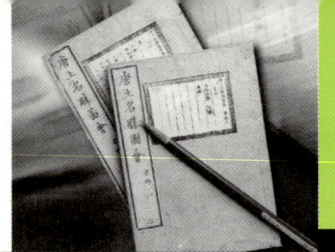

훈	음	부수	총획
덜	손	手(扌)	13

용례
- 損傷(손상):1.물체가 깨지거나 상함
  2.명예 가치가 떨어짐
- 損害(손해):본디보다 밑지거나 해가 됨

훈	음	부수	총획
맑을	숙	水(氵)	11

용례
- 淑女(숙녀):정숙하고 품위있는 여자
- 靜淑(정숙):차분하고 부드러움

훈	음	부수	총획
날릴 떨칠	양	手(扌)	12

용례
- 止揚(지양):1.더 높은 단계로 오르기 위하여 어떠한 것을 하지 아니함
  2.어떤 사물에 관한 모순이나 대립을 부정하면서 도리어 한층 더 높은 단계에서 이것을 긍정하여 살려가는 일
- 揚力(양력):비행기의 날개 같은 얇은 판을 유체(流體) 속에서 작용시킬 때, 진행 방향에 대하여 수직 상향으로 작용하는 힘

훈	음	부수	총획
사양할	양	言	24

용례
- 讓步(양보):길이나 자리, 물건 따위를 사양하여 남에게 미루어 줌
- 分讓(분양):1.전체를 여러 부분으로 갈라서 여럿에게 나누어 줌
  2.토지나 건물 따위를 나누어 팖

훈	음	부수	총획
엄할	엄	口	20

용례
- 嚴格(엄격):(조그만 잘못도 용서하지 않을 정도로) 매우 엄함
- 嚴重(엄중):(아무리 작은 잘못도 용납되지 않을 만큼) 몹시 엄함

훈	음	부수	총획
맞이할	영	辶	8

용례
- 迎接(영접):손님을 맞아 접대함
- 歡迎(환영):기쁘게 맞음

훈	음	부수	총획
하고자할	욕	欠	11

용례
- 欲求(욕구):무엇을 얻거나 무슨 일을 하고자 바라고 원함, 또는 그 욕망
- 欲心(욕심):무엇을 지나치게 탐내거나 누리고 싶어하는 마음

훈	음	부수	총획
근원	원	水(氵)	13

용례
- 根源(근원):1.물줄기가 흘러나오기 시작하는 곳
  2.어떤 일이 생겨나는 본바탕
- 資源(자원):생산의 바탕이 되는 여러 가지 물자(物資)

선정 한자 익히기

	훈	음	부수	총획
員 (원)	인원 관원	원	口	10

용례
- 社員(사원): 1.회사에 근무하는 사람. 회사원
2.사단 법인을 구성하는 사람
- 總員(총원): 전체의 인원

	훈	음	부수	총획
威 (위)	위엄	위	女	9

용례
- 威力(위력): 1.사람을 위압하는 힘
2.강대한 힘이나 권력
- 威勢(위세): 위엄이 있는 기세

	훈	음	부수	총획
柔 (유)	부드러울	유	木	9

용례
- 柔順(유순): 성질이 부드럽고 순함
- 柔道(유도): 두 사람이 맨손으로 맞잡고 상대편이 공격해 오는 힘을 이용하여 던져 넘어뜨리거나 조르거나 눌러 승부를 겨루는 운동

	훈	음	부수	총획
而 (이)	말이을	이	而	6

용례
- 似而非(사이비): 겉으로는 그것과 같아 보이나 실제로는 전혀 다르거나 아닌 것을 이르는 말
- 形而上學(형이상학): 사물의 본질이나 존재의 근본 원리 따위를 사유(思惟)나 직관에 의해 연구하는 학문

	훈	음	부수	총획
仁 (인)	어질	인	人(亻)	4

용례
- 仁慈(인자): 마음이 어질고 무던하여 자애스러움
- 殺身成仁(살신성인): 몸을 죽여 인(仁)을 이룸, 곧 옳은 일을 위하여 자기 몸을 희생함

	훈	음	부수	총획
忍 (인)	참을	인	心	7

용례
- 忍苦(인고): 괴로움을 참음
- 强忍(강인): 억지로 참음
(≠강인(强靭): 억세고 질기다)

	훈	음	부수	총획
任 (임)	맡길	임	人(亻)	6

용례
- 任務(임무): 맡은 일
- 不信任(불신임): 신임하지 아니함

	훈	음	부수	총획
著 (저)	나타날	저	艸(艹)	13

용례
- 著名(저명): 세상에 이름이 널리 알려짐
- 著作權(저작권): 문학, 예술, 학술에 속하는 창작물에 대하여 저작자나 그 권리 승계인이 행사하는 배타적·독점적 권리

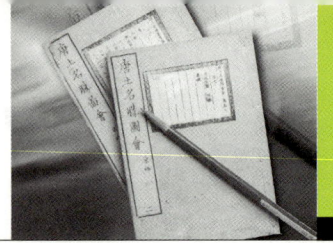

 錢 전	훈	음	부수	총획
	돈	전	金	16

용례
- 葉錢(엽전):예전에 사용하던, 놋쇠로 만든 돈
- 錢票(전표):가지고 오는 사람에게 적힌 액수만큼의 돈을 주도록 되어 있는 쪽지

貞 정	훈	음	부수	총획
	곧을	정	貝	9

용례
- 貞節(정절):여자의 곧은 절개
- 貞潔(정결):정조가 곧고 행실이 깨끗함

頂 정	훈	음	부수	총획
	정수리	정	頁	11

용례
- 頂上(정상):1.산의 꼭대기, 천정(天頂)
　　　　2.그 이상의 더 없는 것
- 登頂(등정):산의 꼭대기에 오름

 制 제	훈	음	부수	총획
	마를 억제할	제	刀 (刂)	8

용례
- 制度(제도):관습이나 도덕, 법률 따위의 규범이나 사회 구조의 체계
- 規制(규제):어떤 규칙을 정하여 제한함, 또는 그 규칙

 從 종	훈	음	부수	총획
	좇을 따를	종	彳	11

용례
- 追從(추종):1.남의 뒤를 따라 좇음
　　　　2.남에게 빌붙어 따름
- 從事(종사):1.(어떤 일을) 일삼아서 함
　　　　2.(어떤 사람을) 좇아 섬김

 州 주	훈	음	부수	총획
	고을	주	巛 (川)	6

용례
- 濟州(제주):제주시
- 光州(광주):광주광역시
- 廣州(광주):경기도 광주시

 準 준	훈	음	부수	총획
	법도 표준	준	水 (氵)	13

용례
- 準備(준비):미리 마련하여 갖춤
- 準決勝(준결승):운동 경기에서, 결승전에 나갈 자격을 겨루는 경기

 晴 청	훈	음	부수	총획
	갤	청	日	12

용례
- 晴天(청천):맑게 갠 하늘
- 快晴(쾌청):하늘이 활짝 개어 맑음

선정 한자 익히기

훈	음	부수	총획
시험 증명할	험	馬	23

용 례
- 試驗(시험):재능이나 실력을 일정한 절차에 따라 검사하고 평가하는 일
- 實驗(실험):1.실제로 해 봄, 또는 그렇게 하는 일
  2.과학에서, 이론이나 현상을 관찰하고 측정함

훈	음	부수	총획
형벌	형	刀 (刂)	6

용 례
- 刑罰(형벌):국가가 죄를 범한 자에게 제재를 가함, 또는 그 제재
- 處刑(처형):1.형벌에 처함. 처벌(處罰)
  2.극형(極刑)에 처함

훈	음	부수	총획
섞을	혼	水 (氵)	11

용 례
- 混合(혼합):뒤섞어서 한데 합함
- 混血(혼혈):(서로 다른 종족이 결혼하여) 두 계통의 특징이 섞임, 또는 그 혈통

훈	음	부수	총획
기후 기다릴	후	人 (亻)	10

용 례
- 氣候(기후):1.어느 지역의 평균적인 기상 상태
  2.일 년의 24기(氣)와 72후(候)를 통틀어 이르는 말
- 惡天候(악천후):몹시 나쁜 날씨. 거친 날씨

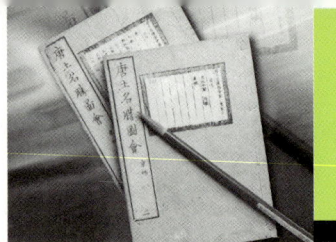

한 자 자 격 시 험 준 3 급

겸임 兼任
- **훈음**: 겸할 **겸**, 맡길 **임**
- **풀이**: 두 가지 이상의 직무를 아울러 맡아봄. 또는 그 직무
- **쓰임**: 1876년 영국의 빅토리아 여왕은 인도를 점령한 후, 인도의 황제를 兼任한다고 공식 발표 했다.

공급 供給
- **훈음**: 이바지할 **공**, 줄 **급**
- **풀이**: 교환하거나 판매하기 위하여 시장에 재화나 용역을 내놓음
- **쓰임**: 여름철 전기 사용의 급등으로 전력 供給 부족사태가 발생하였다.

과점 寡占
- **훈음**: 적을 **과**, 차지할 **점**
- **풀이**: 어떤 상품 시장의 대부분을 소수의 기업이 차지하는 일
- **쓰임**: 시장에 공급자가 하나인 경우를 독점, 소수인 경우를 寡占이라고 한다.

과태료 過怠料
- **훈음**: 지날 **과**, 게으를 **태**, 헤아릴 **료**
- **풀이**: 의무 이행을 태만히 한 사람에게 벌로 물게 하는 돈
- **쓰임**: 무단횡단으로 過怠料를 물었다.

관습 慣習
- **훈음**: 버릇 **관**, 익힐 **습**
- **풀이**: 어떤 사회에서 오랫동안 지켜 내려와 그 사회 성원들이 널리 인정하는 질서나 풍습
- **쓰임**: 해외 여행을 할 때에는 그 나라의 지켜야할 문화적 慣習들을 숙지하는 것이 좋다.

3. 사회, 정치, 경제

교과서 한자어 자세히 알기

교섭 交涉
- **훈음**: 사귈 **교**, 건널 **섭**
- **풀이**: 어떤 일을 이루기 위하여 서로 의논하고 절충함
- **쓰임**: 국회에서 의사진행에 관한 중요한 안건 협의를 위해 일정 수 이상의 의원들로 구성된 의원단체를 '交涉단체'라고 한다.

교정 矯正
- **훈음**: 바로잡을 **교**, 바를 **정**
- **풀이**: 틀어지거나 잘못된 것을 바로잡음
- **쓰임**: 재소자들의 갱생을 위한 矯正 프로그램을 많이 실시하고 있다.

교체 交替
- **훈음**: 사귈 **교**, 바꿀 **체**
- **풀이**: 사람이나 사물을 다른 사람이나 사물로 대신하여 바꿈
- **쓰임**: 이번 선거에서는 세대 交替가 많이 이루어졌다.

교환 交換
- **훈음**: 사귈 **교**, 바꿀 **환**
- **풀이**: 서로 바꿈
- **쓰임**: 경제에서 交換이란 어떤 재화나 용역을 다른 사람에게 주고, 그 가격만큼 다른 재화나 용역 또는 화폐를 얻는 일을 말한다.

구속 拘束
- **훈음**: 잡을 **구**, 묶을 **속**
- **풀이**: 행동이나 의사의 자유를 제한하거나 속박함
- **쓰임**: 자유를 拘束하는 것은 참을 수가 없다.

규범 規範

- **훈음**: 법 **규**, 법 **범**
- **풀이**: 인간이 행동하거나 판단할 때에 마땅히 따르고 지켜야 할 가치 판단의 기준
- **쓰임**: 국민으로서 마땅히 지켜야 할 사회 공동 생활 規範을 잘 지켜야 한다.

금융 金融

- **훈음**: 쇠 **금**, 녹을 **융**
- **풀이**: 금전을 융통하는 일
- **쓰임**: 1997년 정부는 대외 채무를 갚지 못해 국제통화기금(IMF)에서 구제 金融을 받았다.

기구 機構

- **훈음**: 베틀 **기**, 얽을 **구**
- **풀이**: 많은 사람이 모여 어떤 목적을 위하여 구성한 조직이나 기관의 구성 체계. 역학적인 운동이나 작용을 하도록 구성되어 있는 기계나 도구 따위의 내부 구성
- **쓰임**: 국제원자력機構(IAEA)는 원자력의 평화적 이용과 국제 공동 관리를 목적으로 설립되었다.

기소 起訴

- **훈음**: 일어날 **기**, 하소연할 **소**
- **풀이**: 검사가 특정한 형사 사건에 대하여 법원에 심판을 요구하는 일
- **쓰임**: 그 의원은 수뢰 혐의로 起訴되었다.

긴장 緊張

- **훈음**: 굳게얽을 **긴**, 베풀 **장**
- **풀이**: 마음을 조이고 정신을 바짝 차림
- **쓰임**: 두 정당 간에 緊張이 높아 가고 있다.

3. 사회, 정치, 경제

교과서 한자어 자세히 알기

내빈 來賓
- **훈음**: 올 래, 손님 빈
- **풀이**: 모임에 공식적으로 초대를 받고 온 사람
- **쓰임**: 來賓이라는 말은 초대손님으로 바꾸어 쓴다.

담보 擔保
- **훈음**: 멜 담, 지킬 보
- **풀이**: 맡아서 보증함. 채무 불이행 때 채무의 변제를 확보하는 수단으로 채권자에게 제공하는 것
- **쓰임**: 주택을 擔保로 대출을 받았다.

매체 媒體
- **훈음**: 중매 매, 몸 체
- **풀이**: 어떤 일을 전달하는데 매개가 되는 것
- **쓰임**: 현대 사회는 대중媒體의 발전으로 많은 정보들을 편리하게 알 수 있다.

면직 綿織
- **훈음**: 솜 면, 짤 직
- **풀이**: 목화솜을 주원료로 하여 짠 직물
- **쓰임**: 綿織은 천연 섬유이다.

명예 名譽
- **훈음**: 이름 명, 기릴 예
- **풀이**: 세상에서 훌륭하다고 인정되는 이름이나 자랑
- **쓰임**: 그 선수는 올림픽에서 나라의 名譽를 빛냈다.

무역 貿易

- **훈음**: 무역할 **무**, 바꿀 **역**
- **풀이**: 지방 또는 나라 사이에 서로 물건을 팔고 사거나 교환하는 일
- **쓰임**: 미국·캐나다·멕시코 3국이 관세와 貿易장벽을 폐지하고 자유貿易권을 형성한 협정을 '북미자유貿易협정(NAFTA)' 이라 한다.

미필 未畢

- **훈음**: 아닐 **미**, 마칠 **필**
- **풀이**: 아직 끝내지 못함
- **쓰임**: 그는 아직 병역 未畢이다.

보상 補償

- **훈음**: 기울 **보**, 갚을 **상**
- **풀이**: 남에게 끼친 손해를 갚음
- **쓰임**: 화재로 인한 피해 補償을 위해 철저한 현장 조사가 이루어졌다.

보험 保險

- **훈음**: 지킬 **보**, 험할 **험**
- **풀이**: 우연한 사고로 인해, 일시에 목돈이 들 경우에 대비하기 위해, 많은 사람이 미리 일정한 보험료를 적립해 두었다가 사고를 당한 사람의 수요에 충당하게 하는 제도
- **쓰임**: 노후를 대비하기 위해 保險에 가입했다.

빈부격차 貧富隔差

- **훈음**: 가난할 **빈**, 부자 **부**, 막힐 **격**, 다를 **차**
- **풀이**: 빈부의 수준이 서로 벌어져 다른 정도
- **쓰임**: 貧富隔差 해소를 위해 정부는 새로운 경제정책을 제시했다.

교과서 한자어 자세히 알기

사이비 似而非
- **훈음**: 같을 **사**, 말이을 **이**, 아닐 **비**
- **풀이**: 겉으로는 비슷하나 속은 완전히 다름
- **쓰임**: 似而非 종교를 믿는 사람도 의외로 많다.

상호 相互
- **훈음**: 서로 **상**, 서로 **호**
- **풀이**: 상대가 되는 이쪽과 저쪽 모두
- **쓰임**: 남북한은 相互 교류가 필요하다.

생활권 生活圈
- **훈음**: 날 **생**, 살 **활**, 우리 **권**
- **풀이**: 행정 구역과는 관계 없이 통학이나 통근, 쇼핑, 오락 따위의 일상생활을 하느라고 활동하는 범위
- **쓰임**: 교통의 발달로 전국이 일일生活圈안에 속하게 되었다.

서행 徐行
- **훈음**: 천천히 **서**, 다닐 **행**
- **풀이**: 사람이나 차가 천천히 감
- **쓰임**: 학교 앞에서는 徐行 운전해야 한다.

선포 宣布
- **훈음**: 베풀 **선**, 펼 **포**
- **풀이**: 세상에 널리펴 알림
- **쓰임**: 정부는 범죄와의 전쟁을 宣布하였다.

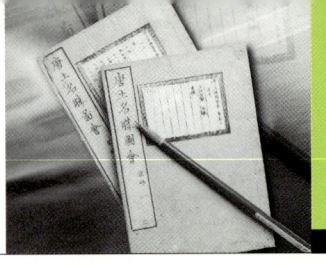

선회 旋回
- 훈음: 돌 **선**, 돌 **회**
- 풀이: 둘레를 빙글빙글 돎
- 쓰임: 항공기가 활주로 주변을 旋回하고 있다.

수요 需要
- 훈음: 구할 **수**, 구할 **요**
- 풀이: 필요한 상품을 얻고자 하는 일
- 쓰임: 需要는 적은데 공급이 과다하면 가격이 떨어진다.

신뢰 信賴
- 훈음: 믿을 **신**, 힘입을 **뢰**
- 풀이: 굳게 믿고 의지함
- 쓰임: 그 정치인은 국민의 信賴를 받고 있다.

안녕 安寧
- 훈음: 편안할 **안**, 편안할 **녕**
- 풀이: 아무 탈 없이 편안함
- 쓰임: 경찰은 사회의 安寧과 질서를 유지한다.

여론 輿論
- 훈음: 수레 **여**, 논할 **론**
- 풀이: 사회 대중의 공통된 의견
- 쓰임: 대중 매체는 輿論을 형성하는 기능을 하는데, 최근에는 인터넷을 통해서 輿論을 형성하는 기능이 커졌다.

교과서 한자어 자세히 알기

예산 豫算
- **훈음**: 미리 **예**, 셈 **산**
- **풀이**: 필요한 비용을 미리 헤아려 계산함
- **쓰임**: 국가豫算은 국가발전을 위해 국민의 세금으로 만들어지며 국회에서 검토한다.

위원 委員
- **훈음**: 맡길 **위**, 인원 **원**
- **풀이**: 일반 단체에 있어서 지명 또는 선거에 의하여 특정한 사무를 위임맡은 사람
- **쓰임**: 국무委員의 임명은 국무총리의 제청에 의해, 대통령이 임명한다.

위조 僞造
- **훈음**: 거짓 **위**, 만들 **조**
- **풀이**: 어떤 물건을 속일 목적으로 꾸며 진짜처럼 만듦
- **쓰임**: 僞造 지폐가 자꾸 발견되고 있다.

위협 威脅
- **훈음**: 위엄 **위**, 위협할 **협**
- **풀이**: 힘으로 으르고 협박함
- **쓰임**: 지나친 이기주의는 사회의 발전을 威脅한다.

이윤 利潤
- **훈음**: 이로울 **리**, 윤택할 **윤**
- **풀이**: 장사 따위를 하여 남은 돈
- **쓰임**: 기업의 목적은 利潤 추구이다.

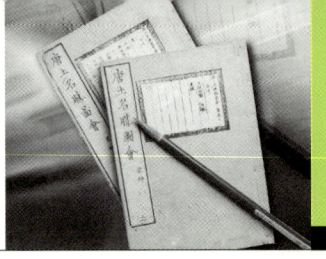

한 자 자 격 시 험 준 3 급

임금 賃金
- **훈음**: 품팔이 **임**, 쇠 **금**
- **풀이**: 근로자가 노동의 대가로 사용자에게 받는 보수
- **쓰임**: 賃金 인상이 물가 인상을 따르지 못하니 생활하기가 힘이 든다.

자본 資本
- **훈음**: 재물 **자**, 근본 **본**
- **풀이**: 장사나 사업 따위의 기본이 되는 돈. 상품을 만드는 데 필요한 생산 수단이나 노동력을 통틀어 이르는 말
- **쓰임**: 資本주의의 특징 중의 하나는 사유재산제에 바탕을 두는 것이다.

재판 裁判
- **훈음**: 마를 **재**, 판가름할 **판**
- **풀이**: 구체적인 소송으로 인한 다툼을 해결하기 위하여 법원이나 법관이 내리는 공권적 판단
- **쓰임**: 민사 裁判은 개인 사이의 법적 분쟁을 다루고, 형사 裁判은 범죄에 대해서 검사가 기소하여 열리는 裁判이다.

정당 政黨
- **훈음**: 정사 **정**, 무리 **당**
- **풀이**: 정치적인 주의나 주장이 같은 사람들이 정권을 잡고 정치적 이상을 실현하기 위하여 조직한 단체
- **쓰임**: 政黨체계는 나라마다 다르며, 우리나라는 다수당 체제를 취하고 있다.

정부 政府
- **훈음**: 정사 **정**, 관청 **부**
- **풀이**: 입법, 사법, 행정의 삼권을 포함하는 통치 기구를 통틀어 이르는 말
- **쓰임**: 政府는 조직개편을 단행하였다.

3. 사회, 정치, 경제

교과서 한자어 자세히 알기

정책 政策
- **훈음**: 정사 **정**, 꾀 **책**
- **풀이**: 정치적 목적을 실현하기 위한 방책
- **쓰임**: 중소기업의 활성화를 위한 政策들이 발표되었다.

주식 株式
- **훈음**: 그루 **주**, 법 **식**
- **풀이**: 주식회사의 자본을 구성하는 단위
- **쓰임**: 시중금리의 인상으로 株式 시장의 악재가 발생하였다.

준법 遵法
- **훈음**: 좇을 **준**, 법 **법**
- **풀이**: 법을 올바로 지킴
- **쓰임**: 권리 보장과 사회 질서는 遵法 정신에서 비롯된다.

증권 證券
- **훈음**: 증거 **증**, 문서 **권**
- **풀이**: 재산상의 권리와 의무에 관한 사항을 기재한 문서
- **쓰임**: 세계 시장으로의 개방화 추세에 따라 證券시장도 점차 국제화되고 있다.

징벌 懲罰
- **훈음**: 징계할 **징**, 벌할 **벌**
- **풀이**: 옳지 아니한 일을 하거나 죄를 지은 데 대하여 벌을 줌. 또는 그 벌
- **쓰임**: 잘못에 비해 懲罰이 너무 가혹하다.

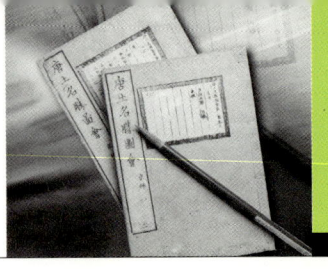

한 자 자 격 시 험 준 3 급

채무 債務
- **훈음**: 빚 **채**, 힘쓸 **무**
- **풀이**: 재산권의 하나. 특정인이 다른 특정인에게 어떤 행위를 하여야 할 의무를 이름
- **쓰임**: 신용불량이란 말은 債務불이행이라고도 불리워진다.

충돌 衝突
- **훈음**: 부딪힐 **충**, 부딪힐 **돌**
- **풀이**: 서로 맞부딪치거나 맞섬
- **쓰임**: 의견이 衝突할 때에는 상대방의 의견을 잘 들어보고 대화로 풀어야 한다.

투기 投機
- **훈음**: 던질 **투**, 베틀 **기**
- **풀이**: 시세 변동을 예상하여 차익을 얻기 위하여 하는 매매 거래
- **쓰임**: 주택분양시장의 과열 방지를 위해 수도권 일대를 投機과열지구로 지정하였다.

특수 特殊
- **훈음**: 특별할 **특**, 다를 **수**
- **풀이**: 특별히 다름
- **쓰임**: 特殊한 기능을 가진 물건을 시장에 내놓았다.

폐사 弊社
- **훈음**: 해질 **폐**, 모일 **사**
- **풀이**: 말하는 이가 자기 회사를 낮추어 이르는 말
- **쓰임**: 고객께서 弊社에 귀한 정보를 보내 주셔서 고맙습니다.

3. 사회, 정치, 경제

교과서 한자어 자세히 알기

피해 被害
- 훈음: 입을 **피**, 해칠 **해**
- 풀이: 생명이나 신체, 재산, 명예 따위에 손해를 입음
- 쓰임: 태풍으로 막대한 被害를 본 농가에 대해 구호의 손길이 닿고 있다.

헌법 憲法
- 훈음: 법 **헌**, 법 **법**
- 풀이: 국가 통치 체제의 기초에 관한 각종 근본 법규의 총체
- 쓰임: 제헌절은 국가의 憲法이 제정된 것을 기념하는 날이다.

혼탁 混濁
- 훈음: 섞일 **혼**, 흐릴 **탁**
- 풀이: 불순물이 섞이어 깨끗하지 못하고 흐림. 정치, 도덕 따위 사회적 현상이 어지럽고 깨끗하지 못함
- 쓰임: 선거 운동이 混濁한 모습을 보이고 있다.

획득 獲得
- 훈음: 사로잡을 **획**, 얻을 **득**
- 풀이: 얻어내거나 얻어 가짐
- 쓰임: 그는 외화를 獲得하기 위해 외국으로 진출했다.

희롱 戲弄
- 훈음: 희롱할 **희**, 희롱 **롱**
- 풀이: 말이나 행동으로 실없이 놀림
- 쓰임: 이성에게 상대편의 의사에 관계없이 성적으로 수치심을 주는 말이나 행동을 하는 일을 성戱弄이라 한다.

희소 稀少
- 훈음: 드물 **희**, 적을 **소**
- 풀이: 드물고 적음
- 쓰임: 경제에서 발생하는 자원의 문제는 주로 稀少 가치 때문에 발생한다.

한자자격시험 준3급

고사성어

죽일 살 | 몸 신 | 이룰 성 | 어질 인

 살신성인

'어진 일을 이루기 위해 몸을 희생한다.' 는 말로, 다른 사람 또는 대의를 위해 목숨을 버린다는 뜻

어느 날 공자께서 이렇게 말씀하셨습니다.
"뜻 있는 선비와 어진 사람은 살기 위하여 인(仁)을 해치는 일이 없고, 오히려 자신의 목숨을 바쳐 인(仁)을 행할 뿐이다.[志士仁人은 無求生以害仁하고 有殺身以成仁이니라]"

여기서 공자가 말한 인(仁)이란 과연 무엇이기에 목숨을 버릴 수 있다고 하는 것일까요?
공자가 이끌던 유가(儒家)의 중심사상이 인(仁)이며 그가 가장 중시했던 덕목 또한 인(仁)임은 누구나 아는 사실입니다. 하지만, 인(仁)을 한 마디로 규정하기는 매우 어렵습니다.

공자는 인(仁)에 대해 이렇게 정의했습니다.

"인(仁)이란 충(忠)과 서(恕)이다."

충(忠)이란 자기가 이루고 싶은 것이 있으면 남에게도 이루어지도록 해주는 것입니다. 서(恕)는 자기가 하고 싶지 않은 것이라면 남에게도 시키지 않는 것을 말합니다. 그러므로 인(仁)이란 타인에 대한 자비나 배려라고 할 수 있는 것입니다.

인(仁)을 위해 목숨을 버린 사람들은 생각보다 많습니다. 예수님이나 부처님은 말할 것도 없고, 독립운동을 하다가 돌아가신 순국선열들도 있습니다. 지하철 선로에 떨어진 아이를 구하고 죽은 한 일본 유학생의 선행도 우리에게 감동을 줍니다. 살신성인(殺身成仁)의 정신을 실천하는 것은 진정으로 어려운 일이기에, 쉽지 않은 일을 해내는 사람들을 보면 존경과 찬사를 보냅니다.

고사성어와 한자성어

아침 조 | 명령할 령 | 저물 모 | 고칠 개

 조령모개

'아침에 내린 명령을 저녁에 다시 고쳐 내린다.'는 말로, 곧 법령이나 명령을 자주 바꾸는 것을 빗댐

중국의 왕조들은 수시로 변경(邊境; 나라의 경계가 되는 변두리의 땅)을 침략해 오는 흉노(匈奴)라는 북방 민족이 가장 큰 골칫거리였습니다. 흉노족은 중국에 주(周)나라가 세워진 이래로 약 2천년 동안 중국을 괴롭혔습니다. 그들은 번개처럼 쳐들어와 노략질을 하고는 바람처럼 사라졌습니다.

전한(前漢) 문제(文帝)때에도 북쪽의 변경지방에 사는 백성들은 흉노족의 약탈로 생활이 매우 힘들었습니다. 그들은 농사를 짓는 일 뿐만 아니라, 변경수비라는 병역(兵役)의 의무까지 지고 있었습니다.

이에 문제(文帝)는 변방 지역에 사는 백성들을 위하여 여러 가지 대책을 강구했습니다. 이때 조착(曹錯)이라는 중신이 황제에게 다음과 같은 상소를 올렸습니다.

"지금 변경의 농가에서는 경작지로 3천평이 고작이어서 그 수확물도 보잘 것이 없습니다. 그들은 부역에 징발되어 사계절 쉬는 날이 없습니다. 또 잦은 침략으로 사람이 다치거나 죽어, 병자를 찾아 위문을 하거나 조문(弔問; 남의 죽음에 대하여 슬퍼하는 뜻을 드러내어 상주(喪主)를 위문함)을 하는 사람이 매년 늘고 있습니다. 게다가 홍수와 가뭄이 들어 제 먹을 것조차 없는 상황에서 조세와 부역을 강요당합니다. 조세와 부역은 일정한 시기도 없이 아침에 명령이 내려오면 저녁에는 또 다른 명령이 고쳐 내려옵니다.[朝令而暮改]. 결국에는 논밭과 집을 내놓고 아들과 손자를 팔아 빚을 갚는 사람도 나오고 있습니다."

상소를 읽은 문제(文帝)는 변경의 백성들을 위해 각 고을에서 식량을 거두어 변경으로 보냈습니다. 또한 그 식량의 수송을 맡은 사람에게는 높은 벼슬을 주어 독려했습니다.

이렇게 조령모개(朝令暮改)라는 말은 법령이 자주 바뀌는 상황을 말할 때 쓰입니다. 어떤 정책이든, 많은 사람들이 관계된 일에 있어서는 결정을 내리기 전에 두 번 세 번 생각하여 조령모개(朝令暮改)하지 않는 신중함을 가져야 할 것입니다.

한 자 자 격 시 험 준 3 급

 알아두면 유익한 한자성어

격물치지

格(궁구할 격) 物(물건 물) 致(이를 치) 知(알 지)

'사물을 연구하여 앎에 이른다.' 는 뜻으로, 사물의 이치를 연구하여 지식과 지혜를 얻고 올바른 판단력을 기르는 것을 이름

득의양양

得(얻을 득) 意(뜻 의) 揚(날릴 양) 揚(날릴 양)

'뜻을 얻어 기분이 좋다.' 는 뜻으로 바라던 일이 이루어져서 우쭐거리며 뽐냄

배은망덕

背(등질 배) 恩(은혜 은) 忘(잊을 망) 德(덕 덕)

'입은 은덕을 잊어버리고 배신한다' 는 뜻으로, 은혜를 모르는 경우를 이름

사사건건

事(일 사) 事(일 사) 件(사건 건) 件(사건 건)

'모든 일' 이나 '온갖 사건'

3. 사회, 정치, 경제

한자자격시험 준3급

인자무적

仁(어질 인) 者(사람 자) 無(없을 무) 敵(대적할 적)

'어진 사람은 적이 없다.'는 뜻으로, 어진 사람은 모든 이를 사랑으로 포용하므로 적이 없음을 이름

정문일침

頂(정수리 정) 門(문 문) 一(하나 일) 鍼(바늘 침)

'정수리에 하나의 침을 놓는다.'는 뜻으로, 따끔한 한 마디의 충고를 뜻함

조족지혈

鳥(새 조) 足(발 족) 之(어조사 지) 血(피 혈)

'새 발의 피'라는 뜻으로, 아주 적은 분량을 비유하여 이르는 말

타산지석

他(다를 타) 山(메 산) 之(어조사 지) 石(돌 석)

'다른 산의 돌(이라도 자신의 옥(玉)을 갈고 닦는 데 도움이 된다)'이라는 뜻으로, 다른 사람의 하찮은 말과 행동도 자신의 지식과 덕을 닦는 데 도움이 될 수 있다는 말

3. 사회, 정치, 경제

단원 마무리 연습문제

♣ 다음 ( )안에 공통으로 들어갈 한자를 〈보기〉에서 골라 쓰세요. (1~8)

보기
居　規　倍　束
威　制　驗　社

1. (　)力, (　)勢
2. 試(　), 實(　)
3. (　)數, (　)加
4. (　)住, (　)處
5. (　)度, 規(　)
6. 約(　), 團(　)
7. (　)則, (　)律
8. (　)員, 會(　)

♣ 다음 〈보기〉의 한자를 조합하여 설명에 맞는 한자어를 쓰세요. (9~15)

보기
刑　決　康　源　背　告　罰　資
而　似　健　非　勸　勝　景　準

9. 국가가 죄를 범한 자에게 제재를 가함, 또는 그 제재
　　　　　　　　　　　(　　　　　)

10. 겉으로는 그것과 같아 보이나 실제로는 전혀 다르거나 아닌 것을 이르는 말
　　　　　　　　　　　(　　　　　)

11. 뒤쪽의 경치
　　　　　　　　　　　(　　　　　)

12. 육체가 아무 탈 없이 정상적이고 튼튼함
　　　　　　　　　　　(　　　　　)

13. 운동 경기에서, 결승전에 나갈 자격을 겨루는 경기
　　　　　　　　　　　(　　　　　)

14. 생산의 바탕이 되는 여러 가지 물자
　　　　　　　　　　　(　　　　　)

15. (어떤 일을 하도록) 타이르며 권함
　　　　　　　　　　　(　　　　　)

♣ 다음 문장의 (　)안에 들어갈 한자어가 바르게 쓰인 것을 고르세요. (16~19)

16. 그는 많은 환자들로부터 존경과 (　)를 받는 명의였다.
　① 交替　② 裁判　③ 相互　④ 信賴

17. 학부형들과 (　)이 참석한 가운데 졸업식이 거행되었다.
　① 起訴　② 需要　③ 來賓　④ 尖端

18. 치열이 고르지 못한 동생은 치아 (　)을 하기로 결정하였다.
　① 矯正　② 媒體　③ 輿論　④ 弊社

19. 그는 상품권을 불법으로 (　)하여 시중에 유통시킨 혐의로 구속되었다.
　① 安寧　② 僞造　③ 緊張　④ 交換

♣ 다음에 주어진 설명이 뜻하는 한자어를 고르세요. (20~23)

20. 장사 따위를 하여 남은 돈
① 綿織 ② 利潤 ③ 威脅 ④ 混濁

21. 사람이나 차가 천천히 감
① 徐行 ② 寡占 ③ 未畢 ④ 遵法

22. 서로 맞부딪치거나 맞섬
① 賃金 ② 旋回 ③ 獲得 ④ 衝突

23. 세상에서 훌륭하다고 인정되는 이름이나 자랑. 또는 그런 존엄이나 품위
① 稀少 ② 名譽 ③ 特殊 ④ 戲弄

♣ 다음 지시에 적합한 한자를 〈보기〉에서 골라 써 보세요. (24~30)

보기

| 區 | 喪 | 柔 | 覽 | 頂 | 隊 | 認 |

24. 傷와(과) 소리가 같은 것? (   )

25. 仁와(과) 소리가 같은 것? (   )

26. 貞와(과) 소리가 같은 것? (   )

27. 強와(과) 반대의 뜻을 가진 것? (   )

28. 班와(과) 의미가 유사한 것? (   )

29. 監와(과) 의미가 유사한 것? (   )

30. 類와(과) 의미가 유사한 것? (   )

♣ 다음 한자의 뜻과 음을 쓰세요. (31~34)

31. 州 (   )
32. 候 (   )
33. 從 (   )
34. 晴 (   )

♣ 다음 한자어의 독음을 쓰세요. (35~40)

35. 勤儉節約 (   )
36. 逢着 (   )
37. 納稅 (   )
38. 迎接 (   )
39. 止揚 (   )
40. 減免 (   )

정답

1. 威 2. 驗 3. 倍 4. 居
5. 制 6. 束 7. 規 8. 社
9. 刑罰 10. 似而非 11. 背景 12. 健康
13. 準決勝 14. 資源 15. 勸告 16. ④
17. ③ 18. ① 19. ② 20. ②
21. ① 22. ④ 23. ② 24. 喪
25. 認 26. 頂 27. 柔 28. 區
29. 覽 30. 隊 31. 고을 주 32. 기후 후
33. 좇을 종 34. 갤 청 35. 근검절약 36. 봉착
37. 납세 38. 영접 39. 지양 40. 감면

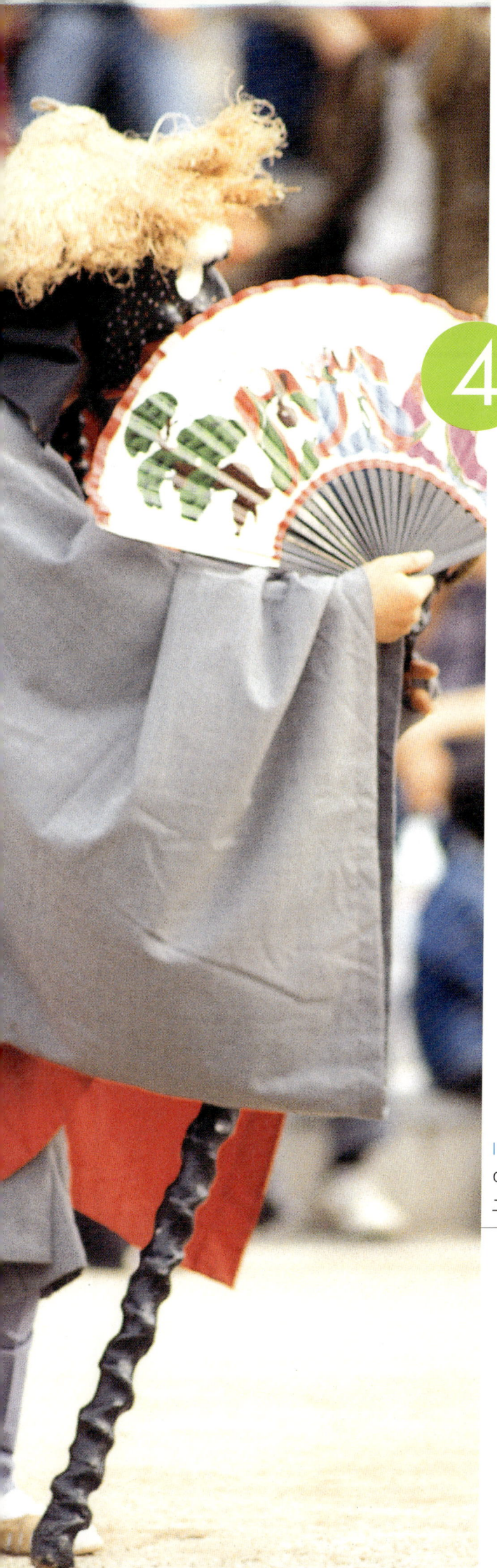

4 역사, 지리

4-1. 선정 한자 익히기
4-2. 교과서 한자어 자세히 알기
4-3. 알아두면 유익한 한자성어
4-4. 단원 마무리 연습문제

| 학습의 주안점 |
이 단원에서는 역사, 지리와 관련 있는 한자들을 읽고 쓰며,
그 뜻을 정확히 알도록 노력합시다.

www.hanja114.org

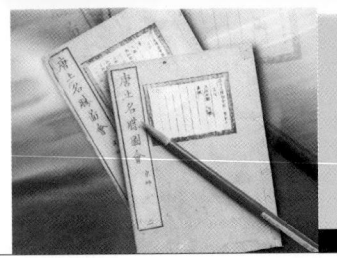

새로 익힐 선정 한자

戒	경계할	계	昔	옛	석	曾	일찍	증
階	섬돌	계	壽	목숨	수	枝	가지	지
繼	이을	계	崇	높일	숭	職	벼슬	직
穀	곡식	곡	仰	우러를	앙	執	잡을	집
困	곤할	곤	余	나	여	創	비롯할	창
具	갖출	구	汝	너	여	昌	창성할	창
局	판	국	瓦	기와	와	尺	자	척
宮	집	궁	怨	원망할	원	總	거느릴	총
器	그릇	기	遊	놀	유	追	쫓을	추
旗	기	기	儒	선비	유	就	나아갈	취
努	힘쓸	노	易	쉬울	이	討	칠	토
壇	제단	단	栽	심을	재	投	던질	투
羅	벌일	라	災	재앙	재	閉	닫을	폐
郎	사내	랑	積	쌓을	적	抱	안을	포
牧	칠	목	轉	구를	전	匹	짝	필
墓	무덤	묘	際	사이	제	賀	하례할	하
舞	춤출	무	帝	임금	제	恒	항상	항
寶	보배	보	宗	마루	종	革	가죽	혁
伏	엎드릴	복	鐘	쇠북	종	賢	어질	현
査	조사할	사	宙	집	주	皇	임금	황

교과서에 나오는 한자어

개항	開港	박물관	博物館	장신구	裝身具
계	契	백부	伯父	장원	莊園
계몽	啓蒙	벽화	壁畵	조령	鳥嶺
고분	古墳	봉건	封建	조류	潮流
공란	空欄	부속	附屬	조약	條約
관청	官廳	분발	奮發	족보	族譜
굴복	屈伏	사당	祠堂	종묘	宗廟
궁궐	宮闕	사막	沙漠	종횡	縱橫
규방	閨房	사찰	寺刹	창해	滄海
근간	根幹	사화	士禍	청동기	靑銅器
녹봉	祿俸	산악	山岳	초월	超越
누각	樓閣	삼강	三綱	축척	縮尺
단군	檀君	석탑	石塔	측우기	測雨器
단발령	斷髮令	액운	厄運	친척	親戚
답사	踏査	요새	要塞	항쟁	抗爭
대웅전	大雄殿	우익	右翼	호란	胡亂
대장경	大藏經	위도	緯度	호적	戶籍
도감	圖鑑	유적	遺蹟	화적	火賊
도공	陶工	윤작	輪作	환곡	還穀
동맹	同盟	융성	隆盛		
멸망	滅亡	이양선	異樣船		

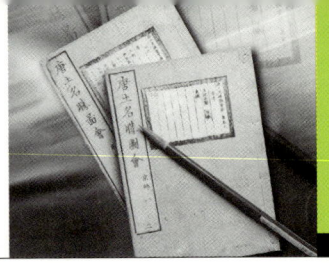

한 자 자 격 시 험 준 3 급

	훈	음	부수	총획
戒 계	경계할	계	戈	7

용례
- 警戒(경계):범죄나 사고 등 좋지 않은 일이 일어나지 않도록 미리 마음을 가다듬어 조심함
- 戒律(계율):승려가 지켜야 할 규율

	훈	음	부수	총획
階 계	섬돌	계	阜(阝)	12

용례
- 階段(계단):1.층계 2.일을 하는 데 밟아야 할 순서
- 音階(음계):음악에 쓰이는 음을 그 높이의 차례대로 일정하게 배열한 것

	훈	음	부수	총획
繼 계	이을	계	糸	20

용례
- 繼承(계승):조상이나 선임자의 뒤를 이어받음
- 後繼者(후계자):뒤를 받아 잇는 사람

	훈	음	부수	총획
穀 곡	곡식	곡	禾	15

용례
- 穀食(곡식):양식이 되는 쌀·보리·조·콩 따위를 통틀어 이르는 말. 곡물
- 穀間(곡간):곡식(穀食)을 넣어두는 곳간

	훈	음	부수	총획
困 곤	곤할 괴로울	곤	囗	7

용례
- 疲困(피곤):(몸이나 마음이) 지쳐서 고단함
- 貧困(빈곤):1.(주로 물질적인 것이 넉넉하지 못하여) 살림살이가 어려움 2.필요한 것이 없거나 모자람

	훈	음	부수	총획
具 구	갖출	구	八	8

용례
- 具備(구비):(필요한 것을) 빠짐없이 갖춤. 두루 갖춤
- 家具(가구):가정 살림에 쓰이는 온갖 세간

	훈	음	부수	총획
局 국	판	국	尸	7

용례
- 開局(개국):관청 등을 세움
- 藥局(약국):1.한약국과 양약국을 통틀어 이르는 말 2.약사가 의약품을 조제하여 팔거나 매약(賣藥)을 파는 가게

	훈	음	부수	총획
宮 궁	집	궁	宀	10

용례
- 古宮(고궁):옛 궁궐
- 景福宮(경복궁):〈고적〉서울특별시 종로구 세종로에 있는 조선 시대의 궁전. 조선 태조 4년(1395)에 건립되어 임진왜란 때 소실되었으나 고종 4년(1867)에 흥선대원군이 재건하였다.

4. 역사, 지리

선정 한자 익히기

훈	음	부수	총획
그릇	기	口	16

용례
- 木器(목기):나무로 만든 그릇
- 武器(무기):1.적을 치거나 막는 데 쓰이는 온갖 도구
  2. '어떤 일을 하는 데 효과적인 수단이 되는 것'을 비유하여 이르는 말

훈	음	부수	총획
기 깃발	기	方	14

용례
- 太極旗(태극기):우리나라의 국기. 흰 바탕의 한가운데에 태극(太極)을, 네 귀에 태극을 향하여 검은색으로 건(乾), 곤(坤), 감(坎), 리(離)의 괘를 그렸음
- 弔旗(조기):조의(弔意)를 나타내기 위하여 검은 선(線)으로 일정한 표시를 한 기

훈	음	부수	총획
힘쓸	노	力	7

용례
- 努力(노력):(어떤 일을 이루기 위해서) 힘을 다하여 애씀, 또는 그 힘
- 努力家(노력가):무엇을 이루려고 끈질기게 애를 쓰고 힘을 들이는 사람

훈	음	부수	총획
제단	단	土	16

용례
- 壇上(단상):단 위
- 花壇(화단):화초를 심기 위하여 뜰 한쪽에 흙을 한 층 높게 쌓은 곳. 꽃밭

훈	음	부수	총획
벌일 벌릴	라	网 (罒)	19

용례
- 新羅(신라):우리나라의 고대 왕국 중의 하나. 박혁거세가 한반도의 동남쪽에 자리 잡아 세운 나라로, 태종 무열왕 때 백제와 고구려를 멸하여 삼국을 통일하였음. 경순왕 때 고려의 태조 왕건에게 망함[BC.57~AD.935]
- 羅列(나열):1.죽 벌여 놓음, 또는 죽 벌여 있음
  2.나란히 줄을 지음

훈	음	부수	총획
사내	랑	邑 (⻏)	10

용례
- 新郎(신랑):곧 결혼할 남자나 갓 결혼한 남자
- 郎君(낭군):(젊은 아내가) '남편'을 정답게 일컫는 말

훈	음	부수	총획
칠 기를	목	牛	8

용례
- 牧場(목장):마소·양 따위를 치거나 놓아기르는 시설을 갖추어 놓은 일정 구역의 땅
- 牧童(목동):(풀을 뜯기며) 마소나 양을 치는 아이

훈	음	부수	총획
무덤	묘	土	14

용례
- 墓所(묘소):산소(山所)의 높임말
- 省墓(성묘):조상의 산소를 찾아가서 돌봄, 또는 그런 일. 주로 설, 추석, 한식에 한다.

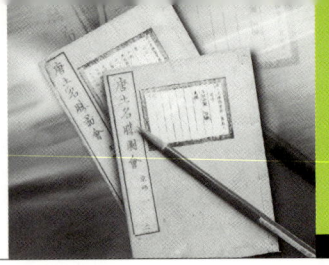

한 자 자 격 시 험 준 3 급

	훈	음	부수	총획
舞 무	춤출	무	舛	14

용례
- 歌舞(가무):노래와 춤, 또는 노래하고 춤을 춤
- 舞曲(무곡):춤을 위하여 작곡된 악곡의 총칭

	훈	음	부수	총획
寶 보	보배	보	宀	20

용례
- 寶物(보물):보배로운 물건. 썩 드물고 귀한 물건
- 國寶(국보):1.나라의 보배. 특히, 가치가 높은 것으로 평가되어 국가가 보호·관리하는 문화재
  2.'국새(國璽)'의 딴 이름

	훈	음	부수	총획
伏 복	엎드릴	복	人(亻)	6

용례
- 降伏(항복):(전쟁 등에서) 자신이 진 것을 인정하고 상대편에게 굴복(屈伏)함
- 伏線(복선):1.소설이나 희곡 등에서 뒤에 나올 이야기를 앞에서 암시하는 것
  2.뒷일의 준비로서 미리 암시해 두는 것

	훈	음	부수	총획
査 사	조사할	사	木	9

용례
- 檢査(검사):옳고 그름, 좋고 나쁨 따위의 사실을 살피어 검토하거나 조사하여 판정함, 또는 그런 일
- 調査(조사):사물의 내용을 명확히 알기 위하여 자세히 살펴보거나 찾아봄

	훈	음	부수	총획
昔 석	옛	석	日	8

용례
- 昔年(석년):왕년. 지난해. 여러해 전
- 今昔(금석):지금과 옛적을 아울러 이르는 말

	훈	음	부수	총획
壽 수	목숨	수	士	14

용례
- 長壽(장수):목숨이 긺. 오래 삶
- 喜壽(희수):일흔일곱 살

	훈	음	부수	총획
崇 숭	높일	숭	山	11

용례
- 崇尙(숭상):높이어 소중하게 여김
- 崇拜(숭배):1.(어떤 사람을) 훌륭히 여겨 마음으로부터 우러러 공경함
  2.종교적 대상을 절대시하여 우러러 받듦

	훈	음	부수	총획
仰 앙	우러를	앙	人(亻)	6

용례
- 信仰(신앙):신불(神佛)등을 굳게 믿어 그 가르침을 지키고 그에 따르는 일
- 推仰(추앙):높이 받들어 우러름

선정 한자 익히기

余 (여)

훈	음	부수	총획
나	여	人	7

용례
- 余等(여등):우리들

汝 (여)

훈	음	부수	총획
너	여	水(氵)	6

용례
- 汝等(여등):너희들
- 汝矣島(여의도):서울특별시 영등포구에 속한, 한강 가운데 있는 섬

瓦 (와)

훈	음	부수	총획
기와	와	瓦	5

용례
- 瓦當(와당):기와의 마구리
- 瓦解(와해):기와가 깨진다는 뜻으로, 조직이나 계획 따위가 산산이 무너지고 흩어짐을 이르는 말

怨 (원)

훈	음	부수	총획
원망할	원	心	9

용례
- 怨望(원망):(남이 내게 한 일에 대하여) 억울하게 여겨 탓하거나 분하게 여겨 미워함
- 怨恨(원한):원통하고 한스러운 생각

遊 (유)

훈	음	부수	총획
놀	유	辶	13

용례
- 遊說(유세):자기 의견 또는 자기 소속 정당의 주장을 선전하며 돌아다님
- 野遊會(야유회):들에 나가서 노는 모임. 들놀이

儒 (유)

훈	음	부수	총획
선비	유	人(亻)	16

용례
- 儒敎(유교):(공자를 시조로 하고) 인의(仁義)를 근본으로 하는 정치·도덕의 실천을 주장한 유학의 가르침
- 儒林(유림):유도(儒道)를 닦는 학자들, 또는 그들의 사회

易 (이)

훈	음	부수	총획
① 쉬울 ② 바꿀	① 이 ② 역	日	8

용례
- 難易度(난이도):어려움과 쉬움의 정도
- 容易(용이):어렵지 아니하고 매우 쉬움
- 交易(교역):물건을 서로 사고파는 일[주로, 국가 사이의 교환 무역을 이르는 말]

栽 (재)

훈	음	부수	총획
심을 재배할	재	木	10

용례
- 植栽(식재):초목을 심어 가꿈
- 栽植(재식):(농작물·초목 따위를) 심음

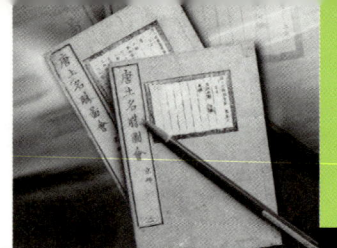

災 재	훈	음	부수	총획
	재앙	재	火	7

용례
- 災害(재해):재앙으로 말미암아 받는 피해. 지진, 태풍, 홍수, 가뭄, 해일, 화재, 전염병 따위에 의하여 받게 되는 피해를 이름
- 水災民(수재민):홍수나 장마 따위로 재해를 당한 사람

積 적	훈	음	부수	총획
	쌓을	적	禾	16

용례
- 積金(적금):돈을 모아 둠, 또는 그 돈
- 積極(적극):(주로 다른 말 앞에 쓰여) 대상에 대하여 긍정적이고 능동적으로 활동함

 轉 전	훈	음	부수	총획
	구를	전	車	18

용례
- 轉學(전학):(다니던 학교에서) 다른 학교로 옮겨 가서 배움
- 移轉(이전):1.(처소나 주소 따위) 다른 데로 옮김 2.(권리 따위를) 넘겨주거나 넘겨받음

 際 제	훈	음	부수	총획
	사이 즈음	제	阜 (阝)	14

용례
- 交際(교제):사람과 사람이 서로 사귐
- 國際(국제):나라와 나라 사이의 관계

 帝 제	훈	음	부수	총획
	임금 황제	제	巾	9

용례
- 帝王(제왕):황제(皇帝)와 국왕(國王)을 통틀어 이르는 말
- 皇帝(황제):제국(帝國)의 군주[중국에서는 진시황(秦始皇) 이후 청나라까지, 우리나라에서는 대한 제국 때 처음으로 이 칭호를 썼음]

 宗 종	훈	음	부수	총획
	마루	종	宀	8

용례
- 宗敎(종교):신이나 절대자를 인정하여 일정한 양식 아래 그것을 믿고, 숭배하고, 받듦으로써 마음의 평안과 행복을 얻고자 하는 정신 문화의 한 체계
- 宗親(종친):1.임금의 친족(親族). 종실(宗室) 2.동성동본으로 유복친(有服親) 안에 들지 않은 일가붙이

 鐘 종	훈	음	부수	총획
	쇠북	종	金	20

용례
- 打鐘(타종):종을 침
- 招人鐘(초인종):사람을 부르는 데 쓰이는 작은 종이나 전령(電鈴)

 宙 주	훈	음	부수	총획
	집	주	宀	8

용례
- 宇宙(우주):1.온 세계를 둘러싸고 있는 공간 2.천문학에서, 천체를 비롯한 만물을 포용하는 물리학적 공간을 이름 3.철학에서, 질서 있는 통일체로서의 세계를 이름
- 宙表(주표) : 하늘의 바깥

선정 한자 익히기

훈	음	부수	총획
일찍	증	日	12

용례
- 曾祖父(증조부):할아버지의 아버지. 아버지의 할아버지
- 曾孫(증손):아들의 손자. 손자의 아들

훈	음	부수	총획
가지	지	木	8

용례
- 枝葉(지엽):나무와 잎
- 金枝玉葉(금지옥엽):
  1. [황금으로 된 나뭇가지와 옥으로 만든 잎이란 뜻으로] '임금의 자손이나 집안'을 높이어 이르는 말
  2. '귀한 자손'을 이르는 말

훈	음	부수	총획
벼슬 직분	직	耳	18

용례
- 職業(직업):생계를 위하여 일상적으로 하는 일
- 退職(퇴직):현직(現職)에서 물러남. 직장을 그만둠

훈	음	부수	총획
잡을	집	土	11

용례
- 執着(집착):어떤 일에만 마음이 쏠려 떠나지 아니함
- 執念(집념):마음에 깊이 새겨 뗄 수 없는 생각

훈	음	부수	총획
비롯할 비로소	창	刀(刂)	12

용례
- 創社(창사):회사를 처음으로 세워서 엶, 또는 그 일
- 創意力(창의력):새로운 것을 생각해 내는 능력

훈	음	부수	총획
창성할	창	日	8

용례
- 昌盛(창성):(일이나 세력 따위가) 번성하여 잘되어 감
- 昌慶宮(창경궁):서울특별시 종로구 원서동에 있는 궁. 일제 강점기 이후에는 '창경원'으로 불리다가 1983년에 다시 '창경궁'으로 고쳤다. 국보 제226호인 명정전, 보물 제384호인 홍화문, 보물 제386호인 옥천교 등이 있다.

훈	음	부수	총획
자	척	尸	4

용례
- 尺度(척도):1.자로 재는 길이의 표준
  2.무엇을 평가하거나 판단할 때의 기준
- 三尺童子(삼척동자):[키가 석 자밖에 되지 않는 아이라는 뜻으로] '철부지 어린아이'를 이르는 말

훈	음	부수	총획
거느리다	총	糸	17

용례
- 總力(총력):(어떤 단체나 집단 따위가 가지는) 모든 힘. 전체의 힘
- 總數(총수):전체의 수효

한 자 자 격 시 험 준 3 급

 추	훈	음	부수	총획
	쫓을 따를	추	辶	10

용례
- 追憶(추억):지나간 일을 돌이켜 생각함, 또는 그 생각
- 追加(추가):나중에 더 보탬.

 취	훈	음	부수	총획
	나아갈	취	尤	12

용례
- 成就(성취):목적한 바를 이룸
- 日就月將(일취월장):날로 달로 자라거나 나아감.

 토	훈	음	부수	총획
	칠 토의할	토	言	10

용례
- 討論(토론):어떤 문제를 두고, 여러 사람이 의견을 말하여 옳고 그름을 따져 논의함
- 討議(토의):(어떤 문제에 대하여) 각자의 의견을 내놓고 검토하고 의논함

投 투	훈	음	부수	총획
	던질	투	手 (扌)	7

용례
- 投手(투수):야구에서, 내야의 중앙에 위치하여 포수를 향해 공을 던지는 사람
- 投票(투표):선거를 하거나 가부를 결정할 때에 투표 용지에 의사를 표시하여 일정한 곳에 내는 일. 또는 그런 표

 폐	훈	음	부수	총획
	닫을	폐	門	11

용례
- 開閉(개폐):열고 닫음
- 閉校(폐교):학교 문을 닫고 수업을 중지하고 쉼.

 포	훈	음	부수	총획
	안을	포	手 (扌)	8

용례
- 抱腹(포복):아주 우스워서 배를 안고 웃음. 몹시 웃음
- 抱擁(포옹):품에 껴안음 *擁:안을 옹-2급

 필	훈	음	부수	총획
	짝	필	匸	4

용례
- 配匹(배필):부부로서의 짝
- 匹夫匹婦(필부필부):대수롭지 않은 그저 평범한 남녀
≒갑남을녀(甲男乙女)

 하	훈	음	부수	총획
	하례할	하	貝	12

용례
- 祝賀(축하):기쁘고 즐겁다는 뜻으로 인사함, 또는 그 인사
- 慶賀(경하):경사스러운 일을 축하함

4. 역사, 지리

선정 한자 익히기

훈	음	부수	총획
항상	항	心(忄)	9

용례
- 恒常(항상):일정하여 변함이 없음
- 恒星(항성):천구 위에서 서로의 상대 위치를 바꾸지 아니하고 별자리를 구성하는 별. 북극성, 북두칠성, 삼태성, 견우성, 직녀성 따위가 있다.

훈	음	부수	총획
가죽	혁	革	9

용례
- 改革(개혁):1.새롭게 고침
  2.정치 체제나 사회 제도 등을 합법적·점진적으로 새롭게 고쳐 나감

훈	음	부수	총획
어질	현	貝	15

용례
- 賢明(현명):어질고 사리에 밝음
- 聖賢(성현):성인(聖人)과 현인(賢人)

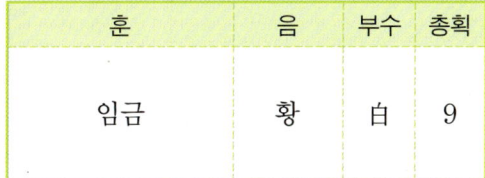

훈	음	부수	총획
임금	황	白	9

용례
- 皇帝(황제):제국(帝國)의 군주[중국에서는 진시황(秦始皇) 이후 청나라까지, 우리나라에서는 대한 제국 때 처음으로 이 칭호를 썼음]
- 敎皇(교황):가톨릭 교회의 가장 높은 지도자로서의 성직자. 법왕

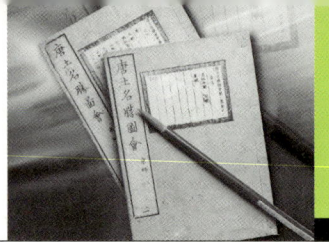

개항 開港

- **훈음**: 열 **개**, 항구 **항**
- **풀이**: 외국과 통상을 할 수 있게 항구를 개방하여 외국 선박의 출입을 허가함
- **쓰임**: 세종대왕은 삼포(부산포, 염포, 제포)를 開港하여 왜인들의 왕래를 허락했다.

계 契

- **훈음**: 맺을 **계**
- **풀이**: 주로 경제적인 도움을 주고받거나 친목을 도모하기 위하여 만든 전래의 협동 조직
- **쓰임**: 契, 두레, 향약, 품앗이는 상부상조의 협동정신을 바탕으로 한다.

계몽 啓蒙

- **훈음**: 열 **계**, 어릴 **몽**
- **풀이**: 지식 수준이 낮거나 인습에 젖은 사람을 가르쳐서 깨우침
- **쓰임**: 이광수는 농촌 啓蒙을 주제로 한 소설을 썼다.

고분 古墳

- **훈음**: 예 **고**, 무덤 **분**
- **풀이**: 고대에 만들어진 무덤
- **쓰임**: 평양의 덕흥리 고구려 古墳 벽화에는 견우와 직녀가 그려져 있다.

공란 空欄

- **훈음**: 빌 **공**, 난간 **란**
- **풀이**: 책, 서류, 공책 따위의 지면에 글자 없이 비워 둔 칸이나 줄
- **쓰임**: 그 칸은 空欄으로 두시오.

교과서 한자어 자세히 알기

관청 官廳
- 훈음: 벼슬 **관**, 청사 **청**
- 풀이: 국가의 사무를 집행하는 국가 기관. 또는 그런 곳
- 쓰임: 관청은 일의 성격에 따라 행정 官廳, 사법 官廳 등으로 나뉜다.

굴복 屈伏
- 훈음: 굽힐 **굴**, 엎드릴 **복**
- 풀이: 머리를 숙이고 꿇어 엎드림
- 쓰임: 적군의 힘에 屈伏했다.

궁궐 宮闕
- 훈음: 집 **궁**, 집 **궐**
- 풀이: 임금이 거처하는 집
- 쓰임: 가족과 함께 꽃들이 활짝 핀 宮闕로 나들이를 다녀왔다.

규방 閨房
- 훈음: 안방 **규**, 방 **방**
- 풀이: 부녀자가 거처하는 방
- 쓰임: '규중칠우쟁론기'나 '조침문' 등은 閨房 문학에 속한다.

근간 根幹
- 훈음: 뿌리 **근**, 줄기 **간**
- 풀이: 사물의 바탕이나 중심이 되는 중요한 것
- 쓰임: 도로 사업은 국가 根幹 사업의 하나이다.

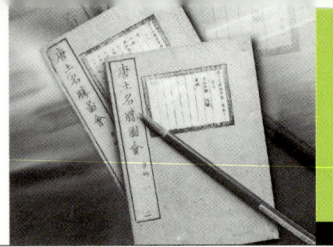

녹봉 祿俸

- **훈음**: 녹 **록**, 녹 **봉**
- **풀이**: 벼슬아치에게 일 년 또는 계절 단위로 나누어 주던 금품을 통틀어 이르는 말
- **쓰임**: 고려시대는 관리에게 토지와 더불어 현물로 祿俸이 지급되었다.

누각 樓閣

- **훈음**: 다락 **루**, 문설주 **각**
- **풀이**: 사방을 바라볼 수 있도록 문과 벽이 없이 다락처럼 높이 지은 집
- **쓰임**: 樓閣에서는 전망이 좋다.

단군 檀君

- **훈음**: 박달나무 **단**, 임금 **군**
- **풀이**: 우리 겨레의 시조로 받드는 태초의 임금
- **쓰임**: 檀君 신화는 檀君의 출생과 즉위에 관한 신화다.

단발령 斷髮令

- **훈음**: 끊을 **단**, 터럭 **발**, 명령 **령**
- **풀이**: 조선 고종 32년 상투 풍속을 없애고 머리를 짧게 깎도록 한 명령
- **쓰임**: 1895년 시행된 斷髮令에 대해 불효의 극치라 여긴 백성들은 거세게 반대하였다.

답사 踏査

- **훈음**: 밟을 **답**, 조사할 **사**
- **풀이**: 실지로 현장에 가서 보고 조사함
- **쓰임**: 정서네 학급은 백제의 옛 도읍지로 踏査 여행을 떠났다.

4. 역사, 지리

교과서 한자어 자세히 알기

대웅전 大雄殿
- 훈음: 큰 **대**, 수컷 **웅**, 대궐 **전**
- 풀이: 부처를 모신 법당
- 쓰임: 불국사 大雄殿 앞뜰에는 다보탑과 석가탑이 있다.

대장경 大藏經
- 훈음: 큰 **대**, 감출 **장**, 글 **경**
- 풀이: 불경을 집대성한 경전. 석가모니의 설교를 기록한 경장(經藏), 모든 계율을 모은 율장(律藏), 불제자들의 논설을 모은 논장(論藏)을 모두 망라하였다.
- 쓰임: 국보 32호인 팔만大藏經은 13세기에 만들어졌으며 세계 최대, 최고(最古)의 大藏經판이다.

도감 圖鑑
- 훈음: 그림 **도**, 거울 **감**
- 풀이: 그림이나 사진을 모아 실물 대신 볼 수 있도록 엮은 책
- 쓰임: 식물圖鑑에는 처음 보는 나무들도 많이 있다.

도공 陶工
- 훈음: 질그릇 **도**, 장인 **공**
- 풀이: 옹기 만드는 일을 업으로 하는 사람
- 쓰임: 도자기에는 陶工들의 정성이 들어가 있다.

동맹 同盟
- 훈음: 같을 **동**, 맹세 **맹**
- 풀이: 둘 이상의 개인이나 단체, 또는 국가가 서로의 이익이나 목적을 위하여 동일하게 행동하기로 맹세하여 맺는 약속이나 조직체. 또는 그런 관계를 맺음
- 쓰임: 신라와 백제는 고구려의 침략에 대비해 나제同盟을 맺었다.

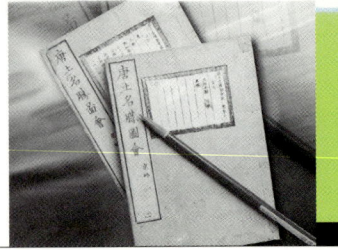

한자자격시험준3급

멸망 滅亡
- **훈음**: 멸망할 **멸**, 망할 **망**
- **풀이**: 망하여 없어짐
- **쓰임**: 로마제국도 결국은 滅亡하였다.

박물관 博物館
- **훈음**: 넓을 **박**, 만물 **물**, 집 **관**
- **풀이**: 역사 · 민속 · 산업 · 과학 · 예술 등에 관한 자료를 수집, 보관하고 전시하여 사회 교육과 학술 연구에 도움이 되게 만든 시설
- **쓰임**: 博物館에는 문화재들이 많이 있다.

백부 伯父
- **훈음**: 맏 **백**, 아버지 **부**
- **풀이**: 큰아버지
- **쓰임**: 伯父와 부친은 사이가 아주 좋으시다.

벽화 壁畵
- **훈음**: 벽 **벽**, 그림 **화**
- **풀이**: 건물이나 동굴, 무덤 따위의 벽에 그린 그림
- **쓰임**: 무용총의 수렵도는 활달하고 힘찬 고구려인의 기상을 아낌없이 보여주는 壁畵이다.

봉건 封建
- **훈음**: 봉할 **봉**, 세울 **건**
- **풀이**: 중세 유럽에서, 영주가 가신(家臣)에게 봉토를 주고, 그 대신에 군역의 의무를 부과하는 주종 관계를 기본으로 한 통치 제도
- **쓰임**: 그 사람의 사고 방식은 너무 封建적이어서 호감이 가지 않는다.

130 4. 역사, 지리

교과서 한자어 자세히 알기

부속 附屬
- **훈음**: 붙을 **부**, 붙일 **속**
- **풀이**: 주된 사물이나 기관에 딸려서 붙음
- **쓰임**: 그 기관은 중앙 부처의 附屬 기관이다.

분발 奮發
- **훈음**: 떨칠 **분**, 필 **발**
- **풀이**: 마음과 힘을 다하여 떨쳐 일어남
- **쓰임**: 선수들이 모두 奮發하였다.

사당 祠堂
- **훈음**: 사당 **사**, 집 **당**
- **풀이**: 조상의 신주(神主)를 모셔 놓은 집
- **쓰임**: 종묘는 조선왕조 역대 왕과 왕비 및 추존된 왕과 왕비의 신주를 모신 왕가의 祠堂이다.

사막 沙漠
- **훈음**: 모래 **사**, 사막 **막**
- **풀이**: 강수량이 적어서 식생이 보이지 않거나 적고, 인간의 활동도 제약되는 지역
- **쓰임**: 沙漠은 열대 沙漠, 해안 沙漠, 내륙 沙漠, 한랭지 沙漠으로 나눈다.

사찰 寺刹
- **훈음**: 절 **사**, 절 **찰**
- **풀이**: 절
- **쓰임**: 寺刹음식은 오신채(五辛菜:자극성이 있는 다섯 가지 채소류)를 넣지 않아 맛이 담백하고 정갈하며, 영양이 우수하다.

한 자 자 격 시 험 준 3 급

사화 士禍

- **훈음** 선비 **사**, 재앙 **화**
- **풀이** 조선 시대에, 조신(朝臣) 및 선비들이 정치적 반대파에게 몰려 참혹한 화를 입던 일
- **쓰임** 조선시대의 4대 士禍에는 무오士禍, 갑자士禍, 기묘士禍, 을사士禍가 있다.

산악 山岳

- **훈음** 메 **산**, 큰산 **악**
- **풀이** 높고 험준하게 솟은 산들
- **쓰임** 강원도에는 山岳지대가 많다.

삼강 三綱

- **훈음** 석 **삼**, 벼리 **강**
- **풀이** 유교의 도덕에서 기본이 되는 세 가지 강령
- **쓰임** 三綱은 군위신강, 부위자강, 부위부강을 이른다.

석탑 石塔

- **훈음** 돌 **석**, 탑 **탑**
- **풀이** 석재를 이용하여 쌓은 탑
- **쓰임** 익산에 있는 미륵사지 石塔은 백제의 石塔 중에 최고의 걸작으로 꼽힌다.

액운 厄運

- **훈음** 재앙 **액**, 부릴 **운**
- **풀이** 액을 당할 운수
- **쓰임** 지난 해 그는 厄運을 만났다.

4. 역사, 지리

교과서 한자어 자세히 알기

요새 要塞
- **훈음**: 중요할 **요**, 변방 **새**
- **풀이**: 군사적으로 중요한 곳에 튼튼하게 만들어 놓은 방어 시설
- **쓰임**: 그곳은 난공불락의 要塞이다.

우익 右翼
- **훈음**: 오른 **우**, 날개 **익**
- **풀이**: 보수적이거나 국수적인 경향. 또는 그런 단체. 새나 비행기 따위의 오른쪽 날개
- **쓰임**: 그는 좌익도 右翼도 아니다.

위도 緯度
- **훈음**: 씨줄 **위**, 정도 **도**
- **풀이**: 지구 위의 위치를 나타내는 좌표축 중에서 가로로 된 것
- **쓰임**: 緯度는 적도를 중심으로 하여 남북으로 평행하게 그은 선이다.

유적 遺蹟
- **훈음**: 남길 **유**, 자취 **적**
- **풀이**: 남아 있는 자취
- **쓰임**: 고려시대의 遺蹟이 발견되었다.

윤작 輪作
- **훈음**: 바퀴 **륜**, 지을 **작**
- **풀이**: 같은 땅에 여러 가지 농작물을 해마다 바꾸어 심는 일
- **쓰임**: 친환경 농법과 유기농법으로 토양을 관리하고 輪作 재배한다.

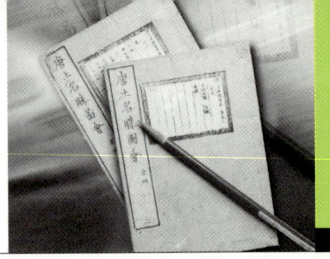

한자자격시험 준3급

융성 隆盛	훈음	높을 **융**, 번성할 **성**
	풀이	기운차게 일어나거나 대단히 번성함
	쓰임	국가의 隆盛은 개인의 발전과도 관계가 있다.

이양선 異樣船	훈음	다를 **이**, 모양 **양**, 배 **선**
	풀이	모양이 다른 배라는 뜻으로, 다른 나라의 배를 이르는 말
	쓰임	조선 후기에 나타난 서양배들은 우리나라 배와 생긴모습이 다르다 하여 異樣船이라 불렸다.

장신구 裝身具	훈음	꾸밀 **장**, 몸 **신**, 갖출 **구**
	풀이	몸치장을 하는 데 쓰는 물건
	쓰임	裝身具나 생활용품 등 유적지에서 발굴된 부장품을 보면 그 시대 사람들의 생활상을 잘 알 수 있다.

장원 莊園	훈음	풀 성할 **장**, 동산 **원**
	풀이	서양의 중세 봉건사회에서, 귀족이나 승려, 교회 등에 의해 이루어졌던 토지 소유의 한 형태
	쓰임	중세는 莊園을 중심으로 경제 활동이 이루어졌다.

조령 鳥嶺	훈음	새 **조**, 고개 **령**
	풀이	경상북도 문경시와 충청북도 괴산군 사이에 있는 고개
	쓰임	경북 문경시와 충북 괴산군의 경계를 이루는 고개를 鳥嶺 또는 문경새재라 한다.

4. 역사, 지리

교과서 한자어 자세히 알기

www.hanja114.org

조류 潮流
- **훈음**: 조수 **조**, 흐를 **류**
- **풀이**: 밀물과 썰물 때문에 일어나는 바닷물의 흐름
- **쓰임**: 태안반도의 기름유출사고는 潮流의 영향으로 피해 규모가 늘어났다.

조약 條約
- **훈음**: 조목 **조**, 맺을 **약**
- **풀이**: 국가 간의 권리와 의무를 국가 간의 합의에 따라 법적 구속을 받도록 규정하는 행위
- **쓰임**: 강화도 條約은 우리나라 최초의 근대적인 條約인 동시에 불평등 條約이다.

족보 族譜
- **훈음**: 겨레 **족**, 족보 **보**
- **풀이**: 한 가문의 계통과 혈통 관계를 적어 기록한 책
- **쓰임**: 族譜를 따져보니 그와는 먼 친척이었다.

종묘 宗廟
- **훈음**: 마루 **종**, 사당 **묘**
- **풀이**: 조선 시대에, 역대 임금과 왕비 및 추존된 왕과 왕비의 위패를 모시던 왕실의 사당
- **쓰임**: 宗廟제례와 宗廟제례악은 2001년에 유네스코의 세계무형유산으로 선정되었다.

종횡 縱橫
- **훈음**: 세로 **종**, 가로 **횡**
- **풀이**: 세로와 가로를 아울러 이르는 말. 거침없이 마구 오가거나 이리저리 다님
- **쓰임**: 의병들이 縱橫으로 활약하였다.

4-2. 교과서 한자어 자세히 알기

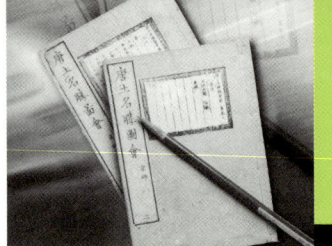

한 자 자 격 시 험 준 3 급

창해 — 滄海
- 훈음: 큰바다 **창**, 바다 **해**
- 풀이: 넓고 큰 바다
- 쓰임: 滄海 위에 배가 떠있는 풍경이 아름답다.

청동기 — 靑銅器
- 훈음: 푸를 **청**, 구리 **동**, 그릇 **기**
- 풀이: 청동으로 만든 그릇이나 기구
- 쓰임: 靑銅器시대부터 본격적인 농경 시작으로 벼농사가 이루어졌다.

초월 — 超越
- 훈음: 넘을 **초**, 넘을 **월**
- 풀이: 어떠한 한계나 표준을 뛰어넘음
- 쓰임: 수출이 기대치를 超越했다.

축척 — 縮尺
- 훈음: 줄어질 **축**, 자 **척**
- 풀이: 지도나 설계도 따위를 실물보다 작게 그릴 때, 그 축소한 정도
- 쓰임: 그 지도는 縮尺 오만분의 일 지도다.

측우기 — 測雨器
- 훈음: 헤아릴 **측**, 비 **우**, 그릇 **기**
- 풀이: 조선 세종 23년(1441)에 만든 세계 최초의 우량계
- 쓰임: 測雨器는 강수량을 측정한 과학기기이다.

4. 역사, 지리

교과서 한자어 자세히 알기

친척 親戚
- **훈음**: 친할 **친**, 겨레 **척**
- **풀이**: 친족과 외척을 아울러 이르는 말
- **쓰임**: 우리는 명절 때마다 親戚 어른들을 찾아 뵙는다.

항쟁 抗爭
- **훈음**: 겨룰 **항**, 다툴 **쟁**
- **풀이**: 맞서 싸움
- **쓰임**: 삼별초抗爭은 13세기 개경 정부와 몽골의 침입에 대항하기 위한 抗爭이다.

호란 胡亂
- **훈음**: 오랑캐 **호**, 어지러울 **란**
- **풀이**: 호인(胡人)들이 일으킨 난리
- **쓰임**: 호인들이 조선시대 병자년에 胡亂을 일으키다.

호적 戶籍
- **훈음**: 지게문 **호**, 문서 **적**
- **풀이**: 호주(戶主)를 중심으로 하여 그 집에 속하는 사람의 본적지, 성명, 생년월일 따위의 신분에 관한 사항을 기록한 공문서
- **쓰임**: 입양한 아이를 戶籍에 올리고 한 가족이 되었다.

화적 火賊
- **훈음**: 불 **화**, 도둑 **적**
- **풀이**: 떼를 지어 돌아다니며 재물을 마구 빼앗는 사람들의 무리. 횃불을 들고 부호가를 습격하는데서 이름이 유래
- **쓰임**: 오랜 가뭄이후 도성 곳곳에 火賊이 늘어나자, 포청에서는 火賊떼를 소탕하기 위해 관군을 내보냈다.

환곡 還穀
- **훈음**: 돌아올 **환**, 곡식 **곡**
- **풀이**: 조선시대 백성에게 봄에 꾸어 주고 가을에 이자를 붙여 받아들이던 관청의 곡식
- **쓰임**: 세도정치 때 還穀이 실제로는 고리대 구실을 하여 가난한 농민들만 원치 않는 還穀을 떠맡아 높은 이자를 물어야 했다.

한자자격시험준3급

 고사성어

 대기만성

'큰 그릇은 늦게 만들어진다.'는 말로, 크게 될 사람은 늦게 이루어 짐을 비유하거나 나이가 들어서 성공한다는 뜻

 　시험에 떨어지거나 실패하여 낙담한 친구가 있을 때, 우리는 '대기(大器)는 만성(晩成)'이라며 자신을 갖고 열심히 정진하다 보면 언젠가는 보다 큰 성공을 이룰 수 있다고 위로하고 격려합니다.
　이 말은 《노자(老子)》라는 책에 처음 등장합니다. 노자는 도(道)에 대하여 이렇게 설명했습니다.

　"아주 큰 사각형은 귀가 없고(大方無隅), 큰 그릇은 늦게 이루어진다(大器晩成). 아주 큰 소리는 들을 수 없고(大音希聲), 아주 큰 형상은 모양이 없다(大象無形). 왜냐하면 도는 항상 사물의 배후에 숨어 있는 것이므로 무엇이라고 긍정할 수도, 또 부정할 수도 없기 때문이다."

　여기에서 보듯 만성(晩成)이란 본래 아직 이루어지지 않았다는 말로, 거의 이루어질 수 없다는 뜻이 강합니다. 그런데 후일 이 말이 늦게 이룬다는 뜻으로 쓰이게 된 것은 다음과 같은 일화에서 비롯된 듯합니다.

　삼국 시대, 위(魏)나라에 최염(崔琰)이란 풍채가 좋은 유명한 장군이 있었습니다. 그러나 그의 사촌 동생인 최림(崔林)은 외모가 시원치 않아서인지 출세를 못하고 일가친척들로부터도 멸시를 당했습니다. 하지만 최염만은 최림의 인물됨을 꿰뚫어 보고 이렇게 말했습니다.

　"큰 종(鐘)이나 솥은 그렇게 쉽사리 만들어지는 게 아니네. 그와 마찬가지로 큰 인물도 대성하기까지는 오랜 시간이 걸리지. 자네도 그처럼 '대기만성(大器晩成)'하게 될걸세. 내 장담하지. 자네는 틀림없이 큰 인물이 될 것이네."

　과연 그 말대로 최림은 마침내 황제를 측근에서 보좌하는 높은 벼슬인 삼공(三公)중의 한 사람이 되었습니다.

　출세란 일찍 하는 경우도 있고, 늦게 하는 경우도 있습니다. 남보다 일찍 성공했다고 반드시 좋은 것은 아닙니다. 사회적 성공은 그 시기나 크기보다는 어떤 마음가짐으로 얼마만큼의 노력을 하느냐가 더욱 중요한 것입니다.

4. 역사, 지리

고사성어와 한자성어

烏 까마귀 오 合 합할 합 之 어조사 지 卒 병사 졸

 오합지졸
'까마귀 떼처럼 (아무런 질서도 없이) 모여 있는 군사'라는 뜻으로, 아무런 규율도 없고 보잘 것도 없는 사람들의 무리를 말함

한(漢) 나라의 고조(高祖)가 아직 패공(沛公)이었던 시절에 항우(項羽)와 함께 진(秦) 나라를 공략하려고 진류(陳留;지명)의 교외로 군대를 진군시킨 일이 있었습니다.

이때 역이기(酈食其)라는 세객(說客; 자기 의견 또는 자기 소속 정당의 주장을 선전하며 돌아다니는 사람)이 이런 말을 했습니다.

"당신이 까마귀 떼의 무리를 규합하여 어수선한 군대를 모을지라도 만 명에는 차지 않을 것입니다. 그 군대로 강한 진(秦) 나라를 공격하려 하는 것은 소위 호랑이의 입을 더듬는 격입니다. 진류는 천하의 요충지로 사통오달(四通五達; 길이 사방으로 통함)의 교외(郊外)입니다. 게다가 그 성에는 또 많은 곡식이 쌓여있어 군량미 또한 충분합니다. 청컨대 사자를 보내어 항복하도록 하십시오."

패공(沛公)은 역이기(酈食其)의 말이 옳다고 여겼습니다. 어렵게 여기저기에서 모은 군대이지만, 훈련이 제대로 되어있지 않은 상태에서 무리하게 전쟁을 벌이려는 것은 자신의 착오라는 것을 깨달았습니다. 이에 패공은 항복을 선언하고 군대를 철수 시켰습니다.

기러기들이 줄을 지어 하늘을 날아가는 모습을 본 일이 있을 것입니다. 가장 앞선 새가 중심이 되어, 나머지 새들이 열을 맞춰 따라갑니다. 그러나, 우두머리가 없는 까마귀 떼는 함께 모여 있으면 질서가 없이 어수선합니다. 바로 이런 모습에서 유래한 '오합지졸'이란 말은, 훈련이 제대로 되지 않은 군대의 모임을 비유합니다.

큰 배를 끌기위해 수백가닥의 밧줄을 모아 힘써도 썩은 줄이라면 아무 소용이 없습니다. 이것은 튼튼한 밧줄 한 가닥 보다 못한 법입니다. 자신이 몸을 담은 모임이나, 혹은 자신이 이끌어 가는 단체가 오합지졸(烏合之卒)이 되지 않도록, '나부터 노력하는 자세'를 가져야 할 것입니다.

한 자 자 격 시 험 준 3 급

알아두면 유익한 한자성어

견마지로
犬 馬 之 勞
개 견 / 말 마 / 어조사 지 / 수고로울 로

'개와 말의 수고'라는 뜻으로, 윗사람에 대해 바치는 자기의 노력을 겸손하게 이르는 말

금지옥엽
金 枝 玉 葉
쇠 금 / 가지 지 / 구슬 옥 / 잎 엽

'황금으로 된 나뭇가지와 옥으로 만든 나뭇잎'이란 뜻으로, 왕이나 귀한 집안의 자손을 이르는 말

단금지교
斷 金 之 交
끊을 단 / 쇠 금 / 어조사 지 / 사귈 교

'쇠를 자를 만큼의 굳고 두터운 사귐'이라는 뜻으로, 정의가 두터운 친구간의 우정을 말함. 금란지계(金蘭之契)

무병장수
無 病 長 壽
없을 무 / 병 병 / 긴 장 / 목숨 수

'병 없이 오래 살다.'라는 뜻으로, 보통 나이드신 어른에게 기원의 말로 쓰임

4. 역사, 지리

고사성어와 한자성어

백골난망
죽어 백골이 되어서도 은혜를 잊을 수가 없음을 뜻함

白(흰 백) 骨(뼈 골) 難(어려울 난) 忘(잊을 망)

빙탄지간
'얼음과 숯불 사이' 라는 뜻으로, 얼음과 숯불처럼 그 성질이 상반되어 서로 조화를 이루어 함께 할 수 없는 경우

氷(얼음 빙) 炭(숯 탄) 之(어조사 지) 間(사이 간)

삼척동자
'키가 석 자인 아이' 라는 뜻으로 철없는 어린아이를 이름

三(석 삼) 尺(자 척) 童(아이 동) 子(아들 자)

역지사지
'처지를 바꾸어 그 일에 대해 생각한다.' 는 뜻으로, 어떤 일을 상대편의 입장이 되어 생각해 보는 경우를 이름

易(바꿀 역) 地(처지 지) 思(생각 사) 之(이것 지)

4-3. 알아두면 유익한 한자성어

한 자 자 격 시 험 준 3 급

오비삼척
吾鼻三尺 (나오/코비/석삼/자척)
'내 코가 석자' 라는 뜻으로, 내 사정이 급하여 남을 돌볼 여유가 없는 경우에 쓰는 말

이란투석
以卵投石 (써이/알란/던질투/돌석)
'계란으로 바위치기' 라는 뜻으로, 약한 것으로 강한 것을 당해 내려는 무모하고 어리석은 짓을 말함

일취월장
日就月將 (날일/나아갈취/달월/나아갈장)
날이 가고 달이 갈수록 점점 더 발전하고 성장하여 감을 뜻함

필부필부
匹夫匹婦 (홀필/지아비부/홀필/지어미부)
'한 명의 남자와 한 명의 여자' 라는 뜻으로, 평범한 보통 사람을 이름. 갑남을녀(甲男乙女)

단원 마무리 연습문제

♣ 다음 ( )안에 공통으로 들어갈 한자를 〈보기〉에서 골라 쓰세요.(1~8)

보기
旗 仰 崇 繼 舞 査 怨 牧

1. ( )場, ( )童
2. 檢( ), 調( )
3. 信( ), 推( )
4. ( )承, 後( )者
5. 弔( ), 太極( )
6. ( )尙, ( )拜
7. ( )望, ( )恨
8. 歌( ), ( )曲

♣ 다음 〈보기〉의 한자를 조합하여 설명에 맞는 한자어를 쓰세요.(9~15)

보기
移 人 配 長 匹 壽 降 恒
穀 招 間 伏 鐘 轉 常

9. 부부로서의 짝 ( )
10. 목숨이 긺. 오래 삶 ( )
11. 사람을 부르는데 쓰는 작은 종 ( )
12. 일정하여 변함이 없음 ( )
13. (전쟁 등에서) 자신이 진 것을 인정하고 상대편에게 굴복함 ( )
14. (처소나 주소 따위를) 다른 데로 옮김 ( )
15. 곡식을 넣어두는 곳간 ( )

♣ 다음 문장의 ( )안에 들어갈 한자어가 바르게 쓰인 것을 고르세요.(16~19)

16. 유교의 도덕에서 기본이 되는 세 가지 강령을 일러 ( )이라 한다.
① 要塞 ② 三綱 ③ 根幹 ④ 隆盛

17. 고대 로마의 ( )에 관하여 조사하였다.
① 空欄 ② 奮發 ③ 屈伏 ④ 遺蹟

18. 조선 시대에, 양반 부녀자의 생활을 그린 문학을 ( )문학이라고 한다.
① 閨房 ② 蒼海 ③ 官廳 ④ 樓閣

19. 환웅과 웅녀 사이에 태어난 ( )은 기원전 2333년 아사달에 도읍을 정하고 고조선을 세웠다.
① 親戚 ② 檀君 ③ 伯父 ④ 封建

♣ 다음에 주어진 설명이 뜻하는 한자어를 고르세요.(20~23)

20. 지식수준이 낮거나 인습에 젖은 사람을 가르쳐서 깨우침
① 啓蒙 ② 踏査 ③ 滅亡 ④ 厄運

21. 유럽의 중세기에 귀족이나 사원에 딸린 넓은 토지
    ① 沙漠　② 附屬　③ 圖鑑　④ 莊園

22. 지구 위의 위치를 나타내는 좌표축 중에서 가로로 된 것
    ① 胡亂　② 緯度　③ 右翼　④ 縱橫

23. 지도에서의 거리와 지표에서의 실제 거리와의 비율
    ① 超越　② 山岳　③ 陶工　④ 縮尺

♣ 다음 지시에 적합한 한자를 〈보기〉에서 골라 써 보세요. (24~30)

보기
戒　備　遊　疲　余　創　進

24. 儒와(과) 소리가 같은 것?　(　　)

25. 昌와(과) 소리가 같은 것?　(　　)

26. 階와(과) 소리가 같은 것?　(　　)

27. 汝와(과) 반대의 뜻을 가진 것?　(　　)

28. 就와(과) 의미가 유사한 것?　(　　)

29. 具와(과) 의미가 유사한 것?　(　　)

30. 困와(과) 의미가 유사한 것?　(　　)

♣ 다음 한자의 뜻과 음을 쓰세요. (31~34)

31. 栽　(　　)

32. 際　(　　)

33. 局　(　　)

34. 總　(　　)

♣ 다음 한자어의 독음을 쓰세요. (35~40)

35. 難易度　(　　)

36. 省墓　(　　)

37. 開閉　(　　)

38. 抱腹　(　　)

39. 羅列　(　　)

40. 革帶　(　　)

정답

1. 牧	2. 査	3. 仰	4. 繼
5. 旗	6. 崇	7. 怨	8. 舞
9. 配匹	10. 長壽	11. 招人鐘	12. 恒常
13. 降伏	14. 移轉	15. 穀間	16. ②
17. ④	18. ①	19. ②	20. ①
21. ④	22. ②	23. ④	24. 遊
25. 創	26. 戒	27. 余	28. 進
29. 備	30. 疲	31. 심을 재	32. 사이 제
33. 판 국	34. 거느릴 총	35. 난이도	36. 성묘
37. 개폐	38. 포복	39. 나열	40. 혁대

5 나와 우리

5-1. 선정 한자 익히기
5-2. 교과서 한자어 자세히 알기
5-3. 알아두면 유익한 한자성어
5-4. 단원 마무리 연습문제

| 학습의 주안점 |
이 단원에서는 공동체 생활과 관련 있는 한자들을 읽고 쓰며, 그 뜻을 정확히 알도록 노력하고 민주적 생활 태도가 무엇인지 함께 생각해 보도록 합시다.

www.hanja114.org

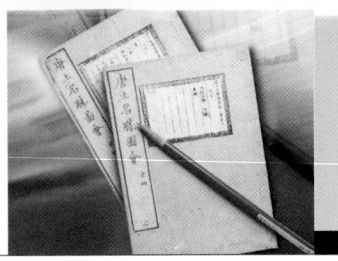

새로 익힐 선정 한자

鏡	거울	경	掃	쓸	소	淨	깨끗할	정
驚	놀랄	경	素	흴	소	操	잡을	조
球	공	구	愁	근심	수	酒	술	주
窮	다할	궁	叔	아재비	숙	智	지혜	지
幾	몇	기	乘	탈	승	菜	나물	채
但	다만	단	息	숨쉴	식	採	캘	채
卵	알	란	顔	얼굴	안	妻	아내	처
凉	서늘할	량	央	가운데	앙	泉	샘	천
露	이슬	로	烏	까마귀	오	招	부를	초
柳	버들	류	臥	누울	와	層	층	층
忙	바쁠	망	憂	근심	우	包	쌀	포
眠	잠잘	면	宇	집	우	皮	가죽	피
暮	저물	모	院	집	원	疲	피곤할	피
茂	무성할	무	幼	어릴	유	閑	한가할	한
杯	잔	배	乳	젖	유	恨	한할	한
費	쓸	비	泣	울	읍	紅	붉을	홍
殺	죽일	살	慈	사랑	자	華	빛날	화
床	평상	상	壯	씩씩할	장	歡	기쁠	환
暑	더울	서	絶	끊을	절	厚	두터울	후
惜	아낄	석	靜	고요할	정	喜	기쁠	희

 교과서에 나오는 한자어

각오	覺悟	연방	聯邦	취기	醉氣
강연	講演	완화	緩和	취미	趣味
격려	激勵	위로	慰勞	침묵	沈默
결함	缺陷	유치	幼稚	칭찬	稱讚
경각	頃刻	유혹	誘惑	타당	妥當
공손	恭遜	이력	履歷	탐욕	貪慾
공헌	貢獻	익명	匿名	토로	吐露
관용	寬容	일탈	逸脫	투쟁	鬪爭
관철	貫徹	잔인	殘忍	편견	偏見
관혼상제	冠婚喪祭	잠수	潛水	학파	學派
교묘	巧妙	잠시	暫時	향유	享有
금수	禽獸	절규	絕叫	허락	許諾
노옹	老翁	주말	週末	혈연	血緣
몰입	沒入	중용	中庸	형설	螢雪
미모	美貌	증오	憎惡	혼잡	混雜
보편	普遍	지옥	地獄	홀연	忽然
복지	福祉	지혜	智慧	홍익인간	弘益人間
선택	選擇	지휘	指揮	화촉	華燭
소외	疎外	철학	哲學	확신	確信
순간	瞬間	청백리	淸白吏		
신중	愼重	총명	聰明		

	훈	음	부수	총획
鏡 경	거울	경	金	19

용례
- 破鏡(파경):1.깨어진 거울
  2.사이가 나빠서 부부가 헤어지는 것을 비유적으로 이르는 말
- 望遠鏡(망원경):두 개 이상의 볼록 렌즈를 맞추어서 멀리 있는 물체 따위를 크고 정확하게 보도록 만든 장치

	훈	음	부수	총획
驚 경	놀랄	경	馬	23

용례
- 驚異(경이):놀라 이상스럽게 여김, 또는 놀라움
- 驚天動地(경천동지):하늘을 놀라게 하고 땅을 뒤흔든다는 뜻으로, 세상을 몹시 놀라게 함을 비유적으로 이르는 말. 경천(驚天)

	훈	음	부수	총획
球 구	공	구	玉(王)	11

용례
- 地球(지구):태양에서 세 번째로 가까운 행성. 인류가 사는 천체로, 달을 위성으로 가진다.
- 野球(야구):9명씩으로 이루어진 두 팀이 9회씩 공격과 수비를 번갈아 하며 승패를 겨루는 구기 경기

	훈	음	부수	총획
窮 궁	다할 궁할	궁	穴	15

용례
- 貧窮(빈궁):가난하여 생활이 몹시 어려움
- 窮理(궁리):1.사물의 이치를 깊이 연구함
  2.마음속으로 이리저리 따져 깊이 생각함, 또는 그런 생각

	훈	음	부수	총획
幾 기	몇	기	幺	12

용례
- 幾望(기망):음력(陰曆)으로 매달 열 나흗날 밤, 또는 그날 밤의 달
- 幾何級數(기하급수):등비수열로 벌여 놓은 각 항을 더하기표(+)로 이어놓은 식, 또는 그 합

	훈	음	부수	총획
但 단	다만	단	人(亻)	7

용례
- 但只(단지):다만. 한갓
- 但書(단서):법률 조문이나 문서 따위에서, 본문 다음에 그에 대한 어떤 조건이나 예외 따위를 나타내는 글

	훈	음	부수	총획
卵 란	알	란	卩	7

용례
- 鷄卵(계란):달걀
- 卵生動物(난생동물):(물고기・벌레・새 따위처럼)알을 낳아 새끼를 까는 동물

	훈	음	부수	총획
涼 량	서늘할(=凉)	량	氵	11

용례
- 納涼(납량):여름에 더위를 피하여 서늘함을 맛봄
- 淸涼(청량):맑고 서늘함

선정 한자 익히기

露 로	훈	음	부수	총획
	이슬 드러날	로	雨	20

용례
- 露出(노출):겉으로 드러남, 또는 드러냄
- 暴露(폭로):1.부정이나 음모·비밀 따위를 들추어냄
2.물건이 드러나 비바람에 바램

柳 류	훈	음	부수	총획
	버들	류	木	9

용례
- 柳綠花紅(유록화홍):초록빛 버들잎과 붉은 꽃이라는 뜻으로, 봄의 자연 경치를 이르는 말
- 柳花(유화):버드나무의 꽃
- 花柳界(화류계):기생따위의 노는 계집의 사회

忙 망	훈	음	부수	총획
	바쁠	망	心(忄)	6

용례
- 忙中閑(망중한):바쁜 가운데의 한가한 때
- 公私多忙(공사다망):공적·사적인 일로 인하여 매우 바쁨

眠 면	훈	음	부수	총획
	잠잘	면	目	10

용례
- 不眠(불면):잠을 자지 않음, 또는 잠을 자지 못함
- 冬眠(동면):〈동물〉겨울이 되면 동물이 활동을 중단하고 땅속 따위에서 겨울을 보내는 일

暮 모	훈	음	부수	총획
	저물	모	日	15

용례
- 朝三暮四(조삼모사):1. '눈앞에 보이는 차이만 알고 결과가 같은 것을 모르는 것'을 비유하여 이르는 말
2. '간사한 꾀로 남을 속이고 농락하는 것'을 비유하여 이르는 말
- 朝令暮改(조령모개):[아침에 영을 내리고 저녁에 다시 고친다는 뜻으로] '법령이나 명령이 자주 뒤바뀜'을 이르는 말

茂 무	훈	음	부수	총획
	무성할	무	艸(艹)	9

용례
- 茂盛(무성):(초목이) 우거짐
- 茂林(무림):나무가 울창하게 우거진 숲

杯 배	훈	음	부수	총획
	잔	배	木	8

용례
- 乾杯(건배):여러 사람이 경사를 축하하거나 건강을 기원하면서 함께 술잔을 들어 술을 마시는 일
- 祝杯(축배):축하의 술을 마시는 술잔

費 비	훈	음	부수	총획
	쓸	비	貝	12

용례
- 消費(소비):돈이나 물건·시간·노력 따위를 써 없앰
- 費用(비용):1.어떤 일을 하는 데 드는 돈
2.기업에서, 생산을 위하여 소비하는 원료비, 기계·설비비, 빌린 자본의 이자 따위를 통틀어 이르는 말

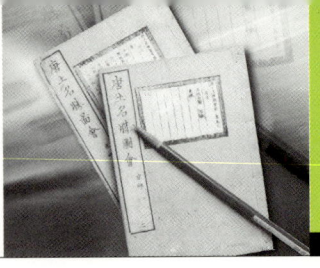

한 자 자 격 시 험 준 3 급

殺 살

훈	음	부수	총획
①죽일 ②덜	①살 ②쇄	殳	11

용 례
- 殺人(살인):사람을 죽임
- 殺到(쇄도):1.전화, 주문 따위가 한꺼번에 세차게 몰려듦
   2.어떤 곳을 향하여 세차게 달려듦
- 相殺(상쇄):상반되는 것이 서로 영향을 주어 효과가 없어지는 일

床 상

훈	음	부수	총획
평상(=牀) 책상	상	广	7

용 례
- 册床(책상):책을 읽거나 글씨를 쓰는 데 쓰는 상
- 病床(병상):병든 사람이 눕는 침상

暑 서

훈	음	부수	총획
더울	서	日	13

용 례
- 大暑(대서):24절기의 하나. 소서(小暑)와 입추(立秋) 사이로, 양력 7월 24일경
- 寒暑(한서):1.추위와 더위
   2.겨울과 여름

惜 석

훈	음	부수	총획
아낄	석	心(忄)	11

용 례
- 哀惜(애석):슬프고 아까움
- 惜別(석별):헤어지는 것을 섭섭하게 여김

掃 소

훈	음	부수	총획
쓸	소	手(扌)	11

용 례
- 淸掃(청소):깨끗이 쓸고 닦음, 또는 더러운 것을 없애어 깨끗이 함
- 掃除(소제):쓸어서 깨끗하게 함. 필요 없는 물건을 없애 버림

素 소

훈	음	부수	총획
흴 본디	소	糸	10

용 례
- 儉素(검소):치레하지 않고 수수함. 꾸밈이 없이 무던함
- 素朴(소박):꾸밈이나 거짓이 없이 있는 그대로임

愁 수

훈	음	부수	총획
근심 시름	수	心	13

용 례
- 愁心(수심):근심함, 또는 근심하는 마음
- 鄕愁(향수):고향을 그리워하는 마음이나 시름

叔 숙

훈	음	부수	총획
아재비	숙	又	8

용 례
- 外叔母(외숙모):외삼촌의 아내
- 叔父(숙부):아버지의 동생. 작은아버지

5. 나와 우리

선정 한자 익히기

乘 승

훈	음	부수	총획
탈	승	丿	10

용례
- 乘車(승차):차를 탐
- 乘用車(승용차):사람이 타고 다니는 데 쓰는 자동차

息 식

훈	음	부수	총획
숨쉴	식	心	10

용례
- 休息(휴식):(일을 하거나 길을 가다가)잠깐 쉬는 일
- 消息(소식):1.안부 따위에 대한 기별이나 편지 따위
  2.어떤 상황이나 동정 따위에 대한 사정

顔 안

훈	음	부수	총획
얼굴	안	頁	18

용례
- 顔色(안색):얼굴빛. 낯빛. 면색(面色)
- 顔面(안면):1.얼굴. 낯
  2.서로 얼굴을 아는 친분

央 앙

훈	음	부수	총획
가운데 중앙	앙	大	5

용례
- 中央(중앙):사방의 한가운데. 중간(中間)

烏 오

훈	음	부수	총획
까마귀	오	火(灬)	10

용례
- 三足烏(삼족오):해 속에 산다는 세 발 가진 까마귀
- 烏合之卒(오합지졸):까마귀가 모인 것처럼 질서가 없이 모인 병졸이라는 뜻으로, 임시로 모여들어서 규율이 없고 무질서한 병졸 또는 군중을 이르는 말

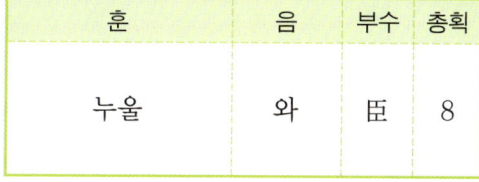
臥 와

훈	음	부수	총획
누울	와	臣	8

용례
- 臥床(와상):침상, 침대
- 起臥(기와):일어남과 누움. 일상적인 생활 상태

憂 우

훈	음	부수	총획
근심	우	心	15

용례
- 憂患(우환):집안에 병자가 있어 겪는 근심
- 憂愁(우수):근심과 걱정을 아울러 이르는 말

宇 우

훈	음	부수	총획
집 우주	우	宀	6

용례
- 宇宙(우주):1.온 세계를 둘러싸고 있는 공간
  2.천문학에서, 천체를 비롯한 만물을 포용하는 물리적인 공간을 이름
- 宇宙船(우주선):사람이 과학 기술로 우주 공간을 비행하게 만든 물체

	훈	음	부수	총획
院 원	집	원	阜(阝)	10

용례
- 病院(병원):병자나 부상자를 진찰하고 치료하는 곳
- 寺院(사원):절. 사찰

	훈	음	부수	총획
幼 유	어릴	유	幺	5

용례
- 幼兒(유아): 어린아이
- 長幼有序(장유유서):오륜(五倫)의 하나. 어른과 어린이 사이에는 엄격한 차례가 있고 복종해야 할 질서가 있음을 뜻함

	훈	음	부수	총획
乳 유	젖	유	乙(乚)	8

용례
- 乳母(유모):어머니를 대신하여 젖을 먹여 길러 주는 여자
- 牛乳(우유):암소의 젖

	훈	음	부수	총획
泣 읍	울	읍	水(氵)	8

용례
- 感泣(감읍):감격하여 목메어 욺
- 泣請(읍청):울면서 간절히 청함

	훈	음	부수	총획
慈 자	사랑	자	心	14

용례
- 慈愛(자애):자식에 대한 어버이의 사랑과 같은 깊은 사랑
- 慈悲(자비):1.(고통 받는 이를)사랑하고 불쌍히 여김 2.부처가 중생을 불쌍히 여겨 고통을 덜어 주고 안락하게 해 주려고 함

	훈	음	부수	총획
壯 장	씩씩할 장할	장	士	7

용례
- 壯談(장담):(확신을 가지고) 자신 있게 말함, 또는 그런 말
- 壯大(장대):1.(기운이) 세고 씩씩함 2.(체격이) 매우 크고 튼튼함

	훈	음	부수	총획
絶 절	끊을	절	糸	12

용례
- 絶斷(절단):끊어 냄. 잘라 냄
- 絶交(절교):서로 교제를 끊음

	훈	음	부수	총획
靜 정	고요할	정	靑	16

용례
- 平靜(평정):평안하고 고요함
- 動靜(동정):1.물질의 운동과 정지 2.일이나 현상이 벌어지고 있는 낌새

선정 한자 익히기

淨 정

훈	음	부수	총획
깨끗할	정	水(氵)	11

용례
- 洗淨(세정):(물이나 소독액 등으로) 깨끗하게 씻음
- 淨潔(정결):매우 깨끗하고 깔끔함

操 조

훈	음	부수	총획
잡을	조	手(扌)	16

용례
- 志操(지조):곧은 뜻과 절조(節操)
- 操心(조심):(잘못이나 실수 따위가 없도록) 마음을 씀

酒 주

훈	음	부수	총획
술	주	酉	10

용례
- 酒量(주량):(견딜 수 있을 만큼 마시는) 술의 분량
- 酒道(주도):술자리에서 지켜야 할 도리

智 지

훈	음	부수	총획
지혜	지	日	12

용례
- 智略(지략):어떤 일이나 문제든지 명철하게 포착하고 분석·평가하며 해결 대책을 능숙하게 세우는 뛰어난 슬기와 계략
- 衆智(중지):여러 사람의 지혜

菜 채

훈	음	부수	총획
나물	채	艸(艹)	12

용례
- 野菜(야채):밭에 가꾸어 먹는 푸성귀. 남새
- 菜根(채근):채소의 뿌리

採 채

훈	음	부수	총획
캘	채	手(扌)	11

용례
- 採集(채집):널리 찾아서 얻거나 캐거나 잡아 모으는 일
- 公採(공채):공개적인 방법으로 채용함

妻 처

훈	음	부수	총획
아내	처	女	8

용례
- 妻弟(처제):아내의 여자동생
- 愛妻家(애처가):아내를 아끼고 사랑하는 사람

泉 천

훈	음	부수	총획
샘	천	水	9

용례
- 溫泉(온천):지열(地熱)로 말미암아 땅속에서 평균 기온 이상의 온도로 데워진 물이 자연적으로 솟아나는 샘
- 九泉(구천):〈불교〉 땅속 깊은 밑바닥이란 뜻으로, 죽은 뒤에 넋이 돌아가는 곳을 이르는 말

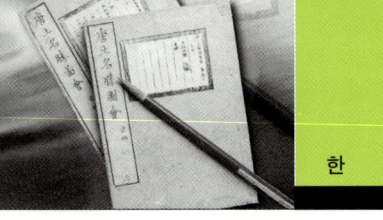

한 자 자 격 시 험 준 3 급

	훈	음	부수	총획
招 초	부를	초	手(扌)	8

용례
- 招請(초청):(남을) 청하여 부름
- 招待(초대):1.남을 청하여 대접함. 청(請)함
  2.임금의 명으로 불러서 오게 함

	훈	음	부수	총획
層 층	층	층	尸	15

용례
- 層數(층수):층의 수효
- 層階(층계):걸어서 층 사이를 오르내릴 수 있도록 턱이 지게 만들어 놓은 설비

	훈	음	부수	총획
包 포	쌀	포	勹	5

용례
- 內包(내포):어떤 개념의 내용이 되는 여러 속성 내부에 포함하여 가짐
- 包容(포용):남을 너그럽게 감싸 주거나 받아들임

	훈	음	부수	총획
皮 피	가죽	피	皮	5

용례
- 毛皮(모피):털가죽
- 皮革(피혁):날가죽과 무두질한 가죽을 아울러 이르는 말

	훈	음	부수	총획
疲 피	피곤할 고달플	피	疒	10

용례
- 疲困(피곤):(몸이나 마음이) 지쳐서 고단함
- 疲勞(피로):몸이나 정신이 지쳐 고단함, 또는 그런 상태

	훈	음	부수	총획
閑 한	한가할	한	門	12

용례
- 閑散(한산):1.조용하고 한가함
  2.일이 없어 놀고 있는 것
- 忙中閑(망중한):바쁜 가운데의 한가한 때

	훈	음	부수	총획
恨 한	한할 슬플	한	心(忄)	9

용례
- 餘恨(여한):풀지 못하고 남은 원한
- 怨恨(원한):원통하고 한스러운 생각

	훈	음	부수	총획
紅 홍	붉을	홍	糸	9

용례
- 朱紅(주홍):붉은빛과 누른빛의 중간으로 붉은 쪽에 가까운 빛깔. 주홍빛
- 紅一點(홍일점):[푸른 잎 가운데 한 송이 꽃이 피어있다는 뜻으로] 많은 남자들 사이에 끼어있는 한 사람의 여자를 비유적으로 이르는 말

선정 한자 익히기

훈	음	부수	총획
빛날	화	艸(⺾)	12

용례
- 富貴榮華(부귀영화):재산이 많고 지위가 높으며 영화로움
- 華氏(화씨):온도 단위의 하나. 단위는 °F

훈	음	부수	총획
기쁠	환	欠	22

용례
- 歡迎(환영):기쁘게 맞음
- 歡樂(환락):아주 즐거워함, 또는 아주 즐거운 것

훈	음	부수	총획
두터울(=垕)	후	厂	9

용례
- 厚德(후덕):(언행이) 어질고 두터움, 또는 그러한 덕행
- 重厚(중후):1.몸가짐이 정중하고 견실함
  2.작품이나 분위기가 엄숙하고 무게가 있음

훈	음	부수	총획
기쁠	희	口	12

용례
- 歡喜(환희):즐거워 기뻐함, 또는 큰 기쁨. 환열(歡悅)
- 喜怒哀樂(희로애락):기쁨과 노여움과 슬픔과 즐거움

한 자 자 격 시 험 준 3 급

각오
覺悟

훈음 깨달을 **각**, 깨달을 **오**
풀이 도리를 깨우쳐 앎. 앞으로 해야 할 일이나 겪을 일에 대한 마음의 준비
쓰임 새 학기를 맞이하여 새로운 覺悟로 수업에 임하였다.

강연
講演

훈음 익힐 **강**, 펼 **연**
풀이 일정한 주제에 대하여 청중 앞에서 강의 형식으로 말함
쓰임 대학 입시에 관한 講演에 많은 학부모들이 참석하였다.

격려
激勵

훈음 부딪힐 **격**, 힘쓸 **려**
풀이 용기나 의욕이 솟아나도록 북돋워 줌
쓰임 부모님은 나에게 激勵를 아끼지 않으신다.

결함
缺陷

훈음 빠질 **결**, 빠질 **함**
풀이 부족하거나 완전하지 못하여 흠이 되는 부분
쓰임 그 차에는 치명적인 缺陷이 있다.

경각
頃刻

훈음 잠깐 **경**, 새길 **각**
풀이 아주 짧은 시간
쓰임 그의 목숨이 頃刻에 달려있다.

156 5. 나와 우리

교과서 한자어 자세히 알기

공손 恭遜
- **훈음**: 공손 **공**, 겸손할 **손**
- **풀이**: 말이나 행동이 겸손하고 예의 바르다
- **쓰임**: 말 한마디에도 恭遜함과 겸손함을 보이고 질문에는 신중하게 답해야 한다.

공헌 貢獻
- **훈음**: 바칠 **공**, 드릴 **헌**
- **풀이**: 힘을 써 이바지함
- **쓰임**: 민주주의를 수호하는 데에 많은 시민들의 貢獻이 있었다.

관용 寬容
- **훈음**: 너그러울 **관**, 얼굴 **용**
- **풀이**: 남이 잘못을 저질렀을 때 그것을 너그럽게 용서하거나 자신과 의견을 달리하는 사람들을 너그럽게 받아들이는 것
- **쓰임**: 민주 시민은 寬容의 태도를 가져야 한다.

관철 貫徹
- **훈음**: 꿸 **관**, 통할 **철**
- **풀이**: 어려움을 뚫고 나아가 목적을 기어이 이룸
- **쓰임**: 열띤 토론 끝에 그는 자신의 주장을 貫徹시켰다.

관혼상제 冠婚喪祭
- **훈음**: 갓 **관**, 혼인할 **혼**, 초상 **상**, 제사 **제**
- **풀이**: 성인식, 결혼식, 초상, 제사를 통틀어 부르는 말
- **쓰임**: 시대가 변화하면서 전통 冠婚喪祭 의식이 많이 간소화되고 있다.

교묘
巧妙

- **훈음**: 공교할 **교**, 묘할 **묘**
- **풀이**: 솜씨나 재치가 있고 약삭빠름
- **쓰임**: 그는 말을 巧妙히 꾸며댔다.

금수
禽獸

- **훈음**: 새 **금**, 짐승 **수**
- **풀이**: 날짐승과 길짐승
- **쓰임**: 은혜나 도리를 모르면 禽獸 같다고 한다.

노옹
老翁

- **훈음**: 늙을 **로**, 늙은이 **옹**
- **풀이**: 늙은 남자
- **쓰임**: 나무 아래에서 老翁 두 분이 장기를 두고 있었다.

몰입
沒入

- **훈음**: 빠질 **몰**, 들 **입**
- **풀이**: 깊이 파고들거나 빠짐
- **쓰임**: 나는 어떤 일에 沒入하면 행복하다.

미모
美貌

- **훈음**: 아름다울 **미**, 모양 **모**
- **풀이**: 아름다운 얼굴 모습
- **쓰임**: 美貌를 가진 것도 행운이다.

5. 나와 우리

교과서 한자어 자세히 알기

보편 普遍
- **훈음**: 넓을 **보**, 두루 **편**
- **풀이**: 두루 널리 미침. 모든 것에 공통되거나 들어맞음
- **쓰임**: 남을 배려하는 것은 인류의 普遍적 가치중 하나이다.

복지 福祉
- **훈음**: 복 **복**, 복 **지**
- **풀이**: 행복한 삶
- **쓰임**: 고령화 사회에 발맞춰 노인의 건강관리 및 福祉에 더욱 힘써야 한다.

선택 選擇
- **훈음**: 가릴 **선**, 가릴 **택**
- **풀이**: 여럿 가운데서 필요한 것을 골라 뽑음
- **쓰임**: 힘든 상황에서도 그는 포기보다는 도전을 選擇했다.

소외 疎外
- **훈음**: 성길 **소**, 바깥 **외**
- **풀이**: 어떤 무리에서 싫어하여 따돌리거나 멀리함
- **쓰임**: 인간이 인간을 疎外시키는 것은 매우 나쁜 일이다.

순간 瞬間
- **훈음**: 눈깜짝할 **순**, 사이 **간**
- **풀이**: 아주 짧은 동안
- **쓰임**: 지금이 가장 중요한 瞬間이다.

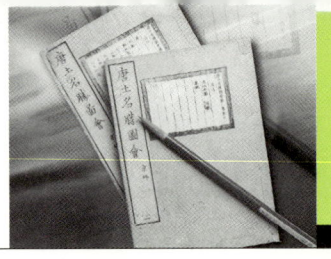

신중
愼重
- 훈음: 삼갈 **신**, 무거울 **중**
- 풀이: 매우 조심스러움
- 쓰임: 다음 일은 더욱 愼重을 기해야 했다.

연방
聯邦
- 훈음: 잇닿을 **련**, 나라 **방**
- 풀이: 자치권을 가진 다수의 나라가 공통의 정치 이념 아래에서 연합하여 구성하는 국가
- 쓰임: 미국은 여러 주(州)들이 모여진 聯邦국가이다.

완화
緩和
- 훈음: 느릴 **완**, 화할 **화**
- 풀이: 긴장된 상태나 급박한 것을 느슨하게 함
- 쓰임: 온갖 규제를 緩和했다.

위로
慰勞
- 훈음: 위로할 **위**, 힘쓸 **로**
- 풀이: 따뜻한 말이나 행동으로 괴로움을 덜어 주거나 슬픔을 달래 줌
- 쓰임: 슬픈 사람에게는 慰勞가 필요하다.

유치
幼稚
- 훈음: 어릴 **유**, 어릴 **치**
- 풀이: 나이가 어림. 생각이나 하는 짓이 어림
- 쓰임: 나이에 비해 그는 幼稚하다.

교과서 한자어 자세히 알기

유혹 誘惑
- **훈음**: 꾈 **유**, 미혹할 **혹**
- **풀이**: 꾀어서 정신을 혼미하게 하거나 좋지 아니한 길로 이끎
- **쓰임**: 그분은 많은 誘惑을 물리쳤다.

이력 履歷
- **훈음**: 밟을 **리**, 지낼 **력**
- **풀이**: 지금까지 거쳐 온 학업, 직업, 경험 등의 내력
- **쓰임**: 부적절한 언행으로 그는 履歷에 커다란 오점을 남겼다.

익명 匿名
- **훈음**: 숨을 **닉**, 이름 **명**
- **풀이**: 이름을 숨김
- **쓰임**: 匿名의 제보를 받은 경찰은 현장에 출두하였다.

일탈 逸脫
- **훈음**: 편안 **일**, 벗을 **탈**
- **풀이**: 사회적인 규범으로부터 벗어나는 일. 정하여진 영역 또는 본디의 목적이나 길, 사상, 규범, 조직 따위로부터 빠져 벗어남
- **쓰임**: 가족 간의 대화부족으로 인한 청소년의 逸脫행위가 문제되고 있다.

잔인 殘忍
- **훈음**: 남을 **잔**, 참을 **인**
- **풀이**: 인정이 없고 아주 모짊
- **쓰임**: 殘忍한 운명 앞에 맞서 싸우는 그의 용기에 박수를 보낸다.

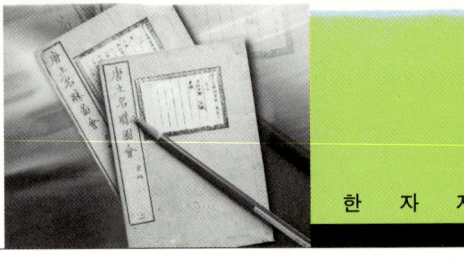

잠수 潛水
- **훈음**: 잠길 **잠**, 물 **수**
- **풀이**: 물속으로 잠겨 들어감
- **쓰임**: 바다 속 깊이 潛水를 하면 아름다운 풍경이 펼쳐진다.

잠시 暫時
- **훈음**: 잠깐 **잠**, 때 **시**
- **풀이**: 짧은 시간
- **쓰임**: 그 아이는 暫時도 엄마와 떨어지려고 하지 않는다.

절규 絕叫
- **훈음**: 끊을 **절**, 부르짖을 **규**
- **풀이**: 있는 힘을 다하여 절절하고 애타게 부르짖음
- **쓰임**: 이산가족들의 絕叫가 처절하다.

주말 週末
- **훈음**: 주일 **주**, 끝 **말**
- **풀이**: 한 주일의 끝 무렵
- **쓰임**: 週末에는 나들이 차량이 많다.

중용 中庸
- **훈음**: 가운데 **중**, 떳떳할 **용**
- **풀이**: 지나치거나 모자라지도 아니하고 한쪽으로 치우치지도 아니한, 떳떳하며 변함이 없는 상태나 정도
- **쓰임**: 中庸을 지키기가 쉽지 않다.

교과서 한자어 자세히 알기

증오 憎惡
- **훈음**: 미워할 **증**, 미워할 **오**
- **풀이**: 아주 사무치게 미워함
- **쓰임**: 그는 그녀의 憎惡 대상이 되었다.

지옥 地獄
- **훈음**: 땅 **지**, 감옥 **옥**
- **풀이**: 큰 죄를 짓고 죽은 사람들이 구원을 받지 못하고 끝없이 벌을 받는다는 곳
- **쓰임**: 전쟁으로 자식을 잃는 부모들에게는 세상이 地獄이나 다름없다.

지혜 智慧
- **훈음**: 지혜 **지**, 지혜 **혜**
- **풀이**: 사물의 이치를 빨리 깨닫고 사물을 정확하게 처리하는 정신적 능력
- **쓰임**: 우리의 문화 유산에는 조상들의 정신과 智慧가 담겨있다.

지휘 指揮
- **훈음**: 가리킬 **지**, 휘두를 **휘**
- **풀이**: 목적을 효과적으로 이루기 위하여 단체의 행동을 통솔함
- **쓰임**: 첼리스트로 유명한 '장한나'는 이번 공연에서 指揮자로서 새롭게 섰다.

철학 哲學
- **훈음**: 밝을 **철**, 배울 **학**
- **풀이**: 인간과 세계에 대한 근본 원리와 삶의 본질 따위를 연구하는 학문
- **쓰임**: 사람들은 누구나 나름대로의 인생 哲學을 지니고 있다.

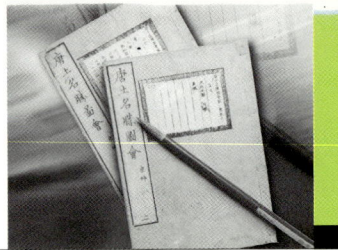

청백리
清白吏

- **훈음** 맑을 **청**, 흰 **백**, 아전 **리**
- **풀이** 재물에 대한 욕심이 없이 곧고 깨끗한 관리
- **쓰임** 조선시대의 '맹사성'은 대표적인 清白吏이다.

총명
聰明

- **훈음** 귀밝을 **총**, 밝을 **명**
- **풀이** 보거나 들은 것을 오래 기억하는 힘이 있음
- **쓰임** 그는 어린 시절부터 聰明함과 영특함을 발휘하였다.

취기
醉氣

- **훈음** 술취할 **취**, 기운 **기**
- **풀이** 술에 취하여 얼근하여진 기운
- **쓰임** 醉氣가 느껴질 땐 행동을 조심해야 한다.

취미
趣味

- **훈음** 취미 **취**, 맛 **미**
- **풀이** 전문적으로 하는 것이 아니라 즐기기 위하여 하는 일
- **쓰임** 趣味 생활을 즐기는 것이 여가를 보람 있게 보내는 하나의 방법이다.

침묵
沈默

- **훈음** 잠길 **침**, 잠잠할 **묵**
- **풀이** 아무 말도 없이 잠잠히 있음. 또는 그런 상태
- **쓰임** 웅변은 은이요, 沈默은 금이다.

교과서 한자어 자세히 알기

칭찬 稱讚
- **훈음**: 부를 **칭**, 기릴 **찬**
- **풀이**: 좋은 점이나 착하고 훌륭한 일을 높이 평가함
- **쓰임**: 『稱讚은 고래도 춤추게 한다』는 제목의 책도 있다.

타당 妥當
- **훈음**: 평온할 **타**, 마땅할 **당**
- **풀이**: 일의 이치로 보아 옳다
- **쓰임**: 그의 주장이 妥當하다는 근거를 제시해 보아라.

탐욕 貪慾
- **훈음**: 탐할 **탐**, 욕심 **욕**
- **풀이**: 지나치게 탐하는 욕심
- **쓰임**: 貪慾은 자신뿐만 아니라 다른 사람까지도 불행하게 한다.

토로 吐露
- **훈음**: 토할 **토**, 이슬 **로**
- **풀이**: 마음에 있는 것을 죄다 드러내어서 말함
- **쓰임**: 감독은 영화 흥행 부진에 대해 안타까움을 吐露했다.

투쟁 鬪爭
- **훈음**: 싸울 **투**, 다툴 **쟁**
- **풀이**: 어떤 대상을 이기거나 극복하기 위한 싸움
- **쓰임**: 그 선수는 강한 승부욕과 鬪爭심을 가졌다.

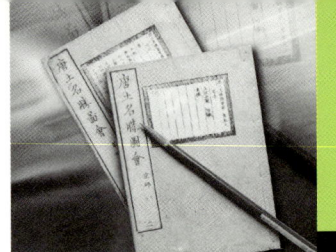

편견 偏見
- **훈음**: 치우칠 **편**, 볼 **견**
- **풀이**: 공정하지 못하고 한쪽으로 치우친 생각
- **쓰임**: 제인 오스틴의 소설인 『오만과 偏見』을 읽고 독후감을 썼다.

학파 學派
- **훈음**: 배울 **학**, 물갈래 **파**
- **풀이**: 학문에서의 주장을 달리 하는 갈래
- **쓰임**: 조선시대 성리학의 양대 學派에는 영남 學派와 기호 學派가 있다.

향유 享有
- **훈음**: 누릴 **향**, 있을 **유**
- **풀이**: 누리어 가짐
- **쓰임**: 누구나 자유를 享有할 권리는 있다.

허락 許諾
- **훈음**: 허락할 **허**, 허락할 **낙**
- **풀이**: 청하는 일을 하도록 들어줌
- **쓰임**: 아이가 게임을 지나치게 많이 하도록 許諾할 수는 없다.

혈연 血緣
- **훈음**: 피 **혈**, 인연 **연**
- **풀이**: 같은 핏줄에 의하여 연결된 인연
- **쓰임**: 그의 행동은 血緣보다 진한 아버지의 사랑을 보여줬다.

교과서 한자어 자세히 알기

www.hanja114.org

형설 螢雪
- **훈음**: 반딧불 **형**, 눈 **설**
- **풀이**: 고생하면서도 꾸준히 학문을 닦음
- **쓰임**: 그는 螢雪의 공을 쌓았다

혼잡 混雜
- **훈음**: 섞을 **혼**, 섞일 **잡**
- **풀이**: 여럿이 한데 뒤섞이어 어수선함
- **쓰임**: 混雜한 도시를 떠나 한적한 시골로 이사를 갔다.

홀연 忽然
- **훈음**: 갑자기 **홀**, 그럴 **연**
- **풀이**: 뜻하지 아니하게 갑자기
- **쓰임**: 그는 忽然히 떠났다.

홍익인간 弘益人間
- **훈음**: 클 **홍**, 더할 **익**, 사람 **인**, 사이 **간**
- **풀이**: 널리 인간을 이롭게 함. 단군의 건국이념으로서 우리나라 정치, 교육, 문화의 최고 이념
- **쓰임**: 우리민족의 건국이념은 弘益人間의 정신이다.

화촉 華燭
- **훈음**: 빛날 **화**, 촛불 **촉**
- **풀이**: 빛깔을 들인 밀초
- **쓰임**: 춘향과 이도령은 華燭을 밝혔다.

확신 確信
- **훈음**: 굳을 **확**, 믿을 **신**
- **풀이**: 굳게 믿는 마음
- **쓰임**: 축구경기에서 점수가 5점차로 벌어지자 승리를 確信했다.

한 자 자 격 시 험 준 3 급

 고사성어

알 식 / 글자 자 / 근심 우 / 근심 환

 식자우환

'글자를 안다는 것이 오히려 근심거리가 된다.'는 말로, 아는 것이 탈이라는 말로도 쓰이며, 학식이 있는 것이 오히려 근심을 사게 됨을 뜻함

　　삼국지에 나오는 이야기입니다. 유비(劉備)에게는 지혜가 남다른 서서(徐庶)라는 군사(軍師:군사 작전을 짜던 사람)가 있어, 여러 가지 지략으로 유비에게 힘을 실어 주었습니다. 조조(曹操)는 어떻게 해서든 서서를 자기 사람으로 만들고 싶었습니다. 조조는 서서가 효자라는 사실을 알고 한 가지 계획을 꾸몄습니다. 서서의 어머니가 조조의 영역인 魏(위)나라에 있는 것을 이용해 위나라로 그를 불러들이려는 것이었습니다. 조조는 서서의 어머니를 설득해 보았지만, 서서의 어머니 위부인(衛夫人)은 학식이 높고 의리를 아는 여장부였습니다. 그녀는 서서에게 한 군주를 섬기는 뜻을 끝까지 굽히지 말라고 격려했습니다.

　　그러나 서서에 대한 미련을 버리지 못한 조조는 모사(謀士: 꾀를 써서 일이 잘 이루어지게 하는 사람) 정욱(程昱)에게 방법을 물었습니다. 정욱은 위부인의 필체를 흉내 내어 서서에게 가짜 편지를 보냈습니다. 급히 위나라로 돌아오라는 내용이었습니다.
　　편지를 받고, 집으로 돌아온 서서를 보고 위부인은 깜짝 놀라 까닭을 물었습니다. 그녀는 아들의 이야기를 듣고 나서 깊은 한숨을 내쉬며 시름에 빠졌습니다. 자신이 글을 알고 쓸 줄 안다는 것이 자식의 앞길을 망치게 되었다고 생각하게 된 것입니다. 위부인은 이렇게 말했습니다.

　　"여자가 글자를 안다는 게 근심거리를 부르는 원인이 되는구나(女子識字憂患)"

　　결국 위부인은 자식에게 걸림돌이 되지 않겠다는 의지로 자결을 했습니다. 이후 서서는 평생 유비만을 섬기며, 조조의 끝없는 권유도 모두 물리치고 그와는 가까이 하지 않았다고 합니다.

　　여자를 차별대우 하던 옛날에는 웬만한 남자들보다 총명하여 글을 잘 쓰는 여인들을 비웃는 말로 위부인의 '여자식자우환(女子識字憂患)'이라는 말을 인용했었다고 합니다. 그러나 시간이 지나면서, '아는 것이 탈'이라는 의미로 보다 넓게 쓰이게 되었습니다.

고사성어와 한자성어

마디 촌 / 쇠 철 / 죽일 살 / 사람 인

촌철살인

'한 치의 짧은 칼로 사람을 죽인다.'는 말로, 짧은 말로 상대를 당황하게 만들거나 사람에게 감동을 준다는 뜻

'촌철'은 손가락 한 개 폭 정도의 무기입니다. '촌철살인(寸鐵殺人)'은 한치의 쇠붙이로 사람을 죽일 수도 있음을 비유한 말로, 상대방의 허를 찌르는 한마디 말이 수천 마디의 말을 능가한다는 의미가 있습니다.

남송(南宋)에 나대경(羅大經)이라는 학자가 있었습니다. 그는 밤에 집으로 찾아온 손님들과 함께 담소 나누기를 좋아했습니다. 어느날 나대경은 종고선사(宗藁禪師; 북송(北宋)의 임제종(臨濟宗)의 선승(禪僧)으로 대혜선사(大慧禪師)라고도 부름)를 집으로 모셨습니다. 그는 향이 좋은 다과를 차려놓고 선사와 함께 불교에서 중시하는 선(禪)에 대한 이야기를 나눴습니다. 종고선사는 선(禪)에 대해 이렇게 말했습니다.

"어떤 사람이 무기를 한 수레 가득 싣고 와서, 이것도 꺼내 써 보고, 저것도 꺼내 써 본다고 해서 살인을 할 수 있는 것이 아닙니다. 나는 오히려 한 치도 안 되는 칼만으로도 사람을 죽일 수 있습니다.(我則只有寸鐵 便可殺人)"

여기서 종고선사가 말한 '殺人'이란 '사람을 죽이다' 라는 뜻이 아닙니다. 그것은 사람의 마음속을 지배하고 있는 나쁜 생각을 완전히 쫓아 없애는 것을 의미한 것입니다. 많은 사람들은 마음을 깨끗이 하기 위해 이런 방법 저런 방법을 쓴다 하지만, 선사 자신은 짧고 깊은 생각만으로 모든 잡념을 씻어버릴 수 있다고 말한 것입니다. 번뇌를 없애고 정신을 집중하여 수양하여, 아주 작은 것 하나로도 사물을 변화시키고 사람을 감동시킬 수가 있게 되는 것입니다.

단 한 마디의 말로 죽음에서 건지기도 하고 죽게도 만드는 것이 '촌철살인(寸鐵殺人)'의 위력입니다.

'말 한마디로 천냥 빚을 갚는다'는 옛 속담이 있습니다. 촌철과 같은 말 한마디로 감동을 주어 십년을 일해야 갚을 수 있는 돈을 탕감 받은 일화를 그 배경으로 합니다. 말이라는 것은 아주 큰 힘을 갖고 있어서, 약이 되기도 하고 독이 되기도 하는 법입니다. 한마디 말이라도 신중하게 생각하고 내뱉는 습관을 길러야 할 것입니다.

한 자 자 격 시 험 준 3 급

알아두면 유익한 한자성어

공경할 경 / 말이을 이 / 멀 원 / 이것 지

경이원지
'공경하나 그를 멀리한다.' 는 뜻으로, 겉으로는 공경하는 체하면서 속으로는 멀리하는 경우

닭 계 / 알 란 / 있을 유 / 뼈 골

계란유골
'계란에 뼈가 있다.' 는 뜻으로 운이 나쁜 사람은 모처럼 좋은 기회가 와도 일이 잘 안풀린다는 뜻

안 내 / 근심 우 / 바깥 외 / 근심 환

내우외환
나라 안팎의 근심거리

늙을 로 / 말 마 / 어조사 지 / 지혜 지

노마지지
'늙은 말의 지혜'라는 뜻으로, ①아무리 하찮은 것일지라도 저마다 장기(長技)나 장점을 지니고 있음 ②경험을 쌓은 사람이 갖춘 지혜

利用厚生
이로울 **리** | 쓸 **용** | 두터울 **후** | 날,살 **생**

이용후생
기구를 편리하게 쓰고 먹을 것과 입을 것을 넉넉하게 하여 국민의 생활이 나아지게 함

絶世佳人
뛰어날 **절** | 세상 **세** | 아름다울 **가** | 사람 **인**

절세가인
세상에서 뛰어나게 아름다운 사람

此日彼日
이 **차** | 날 **일** | 저 **피** | 날 **일**

차일피일
(이날이다, 저날이다 하는 식으로) 약속이나 기한 따위를 미루는 모양

鐵面皮
쇠 **철** | 얼굴 **면** | 가죽 **피**

철면피
'쇠로 만든 얼굴가죽' 이라는 뜻으로, 뻔뻔스럽고 염치없는 사람을 이르는 말

단원 마무리 연습문제

♣ 다음 ( )안에 공통으로 들어갈 한자를 〈보기〉에서 골라 쓰세요. (1~8)

보기
憂　　息　　慈　　顔
鏡　　華　　杯　　操

1. 乾(　　), 祝(　　)
2. 休(　　), 消(　　)
3. (　　)氏, 榮(　　)
4. (　　)愛, (　　)悲
5. 志(　　), (　　)心
6. (　　)愁, (　　)患
7. 容(　　), (　　)色
8. 破(　　), 望遠(　　)

♣ 다음 〈보기〉의 한자를 조합하여 설명에 맞는 한자어를 쓰세요. (9~15)

보기
暑　乘　野　露　費　絕　招
用　避　車　拒　球　暴　請

9. 차를 탐　　　(　　　　　)

10. 알려지지 않았거나 감춰져 있던 사실을 드러냄
(　　　　　)

11. 어떤 일을 하는 데 드는 돈
(　　　　　)

12. (남의 제의나 요구 따위를) 받아들이지 아니하고 물리침　(　　　　　)

13. 청하여 부름　(　　　　　)

14. 더위를 피하여 시원한 곳으로 옮김
(　　　　　)

15. 9명씩으로 이루어진 두 팀이 9회씩 공격과 수비를 번갈아 하며 승패를 겨루는 구기 경기
(　　　　　)

♣ 다음 문장의 ( )안에 들어갈 한자어가 바르게 쓰인 것을 고르세요. (16~19)

16. 그날 밤 (　　)히 종적을 감춰 버렸다.
① 暫時　② 貪慾　③ 螢雪　④ 忽然

17. 지나치거나 모자라지도 아니하고 한쪽으로 치우치지도 아니한, 떳떳하며 변함이 없는 상태를 (　　)이라고 한다.
① 中庸　② 缺陷　③ 寬容　④ 巧妙

18. 화랑도는 삼국 통일에 크게 (　　)하였다.
① 智慧　② 憎惡　③ 誘惑　④ 貢獻

19. 매사에 (　　)한 그는 무리하게 일을 추진하지 않는다.
① 瞬間　② 頃刻　③ 愼重　④ 幼稚

♣ 다음에 주어진 설명이 뜻하는 한자어를 고르세요. (20~23)

20. 아무 말도 없이 잠잠히 있음
① 趣味　② 沈默　③ 慰勞　④ 稱讚

21. 아름다운 얼굴 모습
① 老翁 ② 醉氣 ③ 美貌 ④ 華燭

22. 용기나 의욕이 솟아나도록 북돋워 줌
① 激勵 ② 疎外 ③ 潛水 ④ 許諾

23. 있는 힘을 다하여 절절하고 애타게 부르짖음
① 地獄 ② 沒入 ③ 緩和 ④ 絕叫

♣ 다음 지시에 적합한 한자를 〈보기〉에서 골라 써 보세요. (24~30)

보기
| 階 | 妻 | 乳 | 素 | 淨 |
| 朝 | 朱 | 喜 | 恨 | 茂 |

24. 掃와(과) 소리가 같은 것?
(   )

25. 閑와(과) 소리가 같은 것?
(   )

26. 靜와(과) 소리가 같은 것?
(   )

27. 暮와(과) 반대의 뜻을 가진 것?
(   )

28. 層와(과) 의미가 유사한 것?
(   )

29. 紅와(과) 의미가 유사한 것?
(   )

30. 歡와(과) 의미가 유사한 것?
(   )

♣ 다음 한자의 뜻과 음을 쓰세요. (31~34)

31. 驚 (   )

32. 幼 (   )

33. 菜 (   )

34. 烏 (   )

♣ 다음 한자어의 독음을 쓰세요. (35~40)

35. 貧窮   (   )

36. 幾望   (   )

37. 殺到   (   )

38. 厚德   (   )

39. 採擇   (   )

40. 感泣   (   )

정답

1. 杯	2. 息	3. 華	4. 慈
5. 操	6. 憂	7. 顔	8. 鏡
9. 乘車	10. 暴露	11. 費用	12. 拒絕
13. 招請	14. 避暑	15. 野球	16. ④
17. ①	18. ④	19. ③	20. ②
21. ③	22. ①	23. ④	24. 素
25. 恨	26. 淨	27. 朝	28. 階
29. 朱	30. 喜	31. 놀랄 경	32. 어릴 유
33. 나물 채	34. 까마귀 오	35. 빈궁	36. 기망
37. 쇄도	38. 후덕	39. 채택	40. 감읍

6 연습문제 및 색인

01 한자자격시험 준3급 연습문제

- 객관식 문제의 정답은 OMR 답안지에 컴퓨터용 펜으로 바르게 표기하세요!
- 주관식 정답은 OMR 주관식 답안란에 파란색 또는 빨간색 플러스 펜으로 쓰세요.
- OMR 답안지 모형은 홈페이지에서 내려 받을 수 있습니다.

▷ 한글인터넷주소 : 한자자격시험

주소(D) 　한자자격시험

다음은 [객관식] 문항입니다. 정답을 컴퓨터용 펜으로 OMR 객관식 답안 칸에 바르게 표기하세요.

※ 다음 [ ]안의 한자와 음이 같은 한자는?

1. [戒] ①幾 ②茂 ③階 ④陽
2. [旗] ①於 ②旣 ③節 ④施
3. [戊] ①成 ②戌 ③舞 ④浮
4. [央] ①仰 ②中 ③只 ④養
5. [霜] ①電 ②床 ③壯 ④盡

※ 다음 [ ]안의 한자와 뜻이 상대(반대)되는 한자는?

6. [繼] ①總 ②推 ③絶 ④着
7. [哀] ①悲 ②歡 ③依 ④淨

※ 다음 [ ]안의 한자와 뜻이 비슷한 한자는?

8. [皮] ①革 ②層 ③破 ④波
9. [疲] ①傷 ②困 ③病 ④痛
10. [憂] ①愛 ②喜 ③遇 ④愁

※ 다음 〈보기〉의 낱말들과 가장 관련이 깊은 한자는?

11. 보기 | 경찰　선생님　의사
    ①職 ②聽 ③鐘 ④貞

12. 보기 | 쌀　보리　수수
    ①茱 ②恒 ③穀 ④炭

13. 보기 | 금　루비　다이아몬드
    ①厚 ②驗 ③卵 ④寶

※ 다음 [ ]안 한자어의 독음이 바른 것을 고르시오.

14. [愼重] ①신중 ②진중 ③진동 ④신동
15. [漸層] ①참층 ②점승 ③참승 ④점층
16. [證券] ①증승 ②증권 ③증도 ④증거
17. [妥當] ①타당 ②취당 ③온당 ④지당
18. [緯度] ①습도 ②위도 ③경도 ④적도

※ 다음 설명과 같은 뜻을 지닌 한자어는?

19. 생물체를 이루는 기본 단위
① 細菌　② 享有　③ 土壤　④ 細胞

20. 얻어 내거나 얻어 가짐
① 供給　② 獲得　③ 宣布　④ 選擇

21. 공정하지 못하고 한쪽으로 치우친 생각
① 啓蒙　② 覺悟　③ 偏見　④ 疎外

22. 날짐승과 길짐승이라는 뜻으로, 모든 짐승을 이르는 말
① 禽獸　② 變態　③ 聘丈　④ 象徵

23. 1895년 을미개혁의 일환으로 상투 풍속을 없애고 머리를 짧게 깎도록 한 명령
① 避雷針　② 直喻法　③ 斷髮令　④ 大藏經

24. 어떤 사회에서 오랫동안 지켜 내려와 그 사회 성원들이 널리 인정하는 질서나 풍습
① 寬容　② 環境　③ 交涉　④ 慣習

※ 다음 문장 중 ( )안에 들어갈 한자어로 알맞은 것은?

25. 실제로 일어난 일보다 유리하게 둘러댈 때 '꿈보다 ( )이 좋다'고 한다.
① 含蓄　② 解夢　③ 附錄　④ 保險

26. 교통과 통신을 발달로 전국이 일일( )에 들었다.
① 生活圈　② 抛物線　③ 肺活量　④ 太陽曆

27. 다양한 기능과 편리함으로 전자( )의 사용자가 늘고 있다.
① 交換　② 洗劑　③ 辭典　④ 事項

28. 기념식장은 ( )과 축하객으로 가득했다.
① 美貌　② 鎔巖　③ 頃刻　④ 來賓

29. 배송도중 파손된 물품에 대해 택배회사에 ( )을 요구하였다.
① 補償　② 貫徹　③ 貢獻　④ 鼓吹

30. ( )한 대지에 빗방울이 하나둘씩 떨어지기 시작했다.
① 滄海　② 乾燥　③ 氣壓　④ 鈍角

다음은 [주관식] 문항입니다. 정답을 플러스 펜으로 OMR 주관식 답안 칸에 쓰세요.

※ 다음 한자의 훈음을 쓰시오.

31. 憶 (　　　)　**32.** 配 (　　　)

33. 恨 (　　　)　**34.** 柳 (　　　)

35. 我 (　　　)　**36.** 晴 (　　　)

37. 帝 (　　　)　**38.** 驚 (　　　)

39. 牧 (　　　)　**40.** 迎 (　　　)

※ 다음 훈음에 맞는 한자를 쓰시오.

41. 베풀 설 (　　　)　**42.** 법　규 (　　　)

01 한자자격시험 준3급 연습문제

43. 빌릴 차 (   )   44. 또 우 (   )

45. 버금 부 (   )

※ 다음 □안에 공통으로 들어갈 한자를 <보기>에서 찾아 쓰시오.

| 보기 | 脚 墓 背 但 掃 |

46. 一□   □除   淸□   (   )

47. 省□   □地   □所   (   )

48. 橋□   □色   □光   (   )

※ 다음 <보기>의 주어진 뜻으로 보아 □안에 공통으로 들어갈 한자를 쓰시오.

49. ① □心   ② 志□   (   )

보기
① 잘못이나 실수가 없도록 말이나 행동에 마음을 씀
② 원칙과 신념을 굽히지 아니하고 끝까지 지켜나가는 꿋꿋한 의지

50. ① 家□   ② □備   (   )

보기
① 집안 살림에 쓰는 기구
② 있어야 할 것을 빠짐없이 다 갖춤

51. ① □檢   ② □數   (   )

보기
① 낱낱이 검사함
② 성적을 나타내는 숫자

※ 다음 한자어의 독음을 쓰시오.

52. 常勤 (   )   53. 招待 (   )

54. 嚴罰 (   )   55. 養鷄 (   )

56. 改悟 (   )   57. 恒久 (   )

58. 快哉 (   )   59. 投票 (   )

60. 禁斷 (   )   61. 容顔 (   )

62. 于先 (   )   63. 便覽 (   )

64. 混血 (   )   65. 曾孫 (   )

66. 過猶不及 (   )

※ 다음 글을 읽고 밑줄 친 낱말이 뜻하는 한자를 <보기>에서 찾아 쓰시오.

　사투리에는 인정과 지방색이 녹아있어 뿌리 (67)**깊은** 들풀과도 같다. 그러나 언제부터인가 친숙한 그 말을 (68)**접하는** 것이 어려워졌다. 저녁 노을을 (69)**받으며** 황톳길을 따라 사라지듯 어느새 시대의 뒤안길로 (70)**밀려**나 버렸다.
　거리낌 없이 (71)**어릴** 적 사투리를 말하며 정서적 공감을 느끼기 위해 동창회에 간다. (72)**술**을 (73)**나누며** 쏟아내는 공감언어에 우리는 통쾌함을 느낄 수 있을 것이다.

| 보기 | 受 推 深 班 怨 幼 酒 接 吸 |

67. (   )   68. (   )   69. (   )

70. (   )   71. (   )   72. (   )

73. (   )

※ 다음 문장 중 한자어의 독음을 쓰시오.

74. 시대가 변함에 따라 남녀의 役割도 변하고 있다.
(   )

75. 이 시에는 隱喩法과 역설적 표현이 사용되었다.
(   )

76. 적은 資本으로 시작한 사업이 금세 번창하였다.
(   )

77. 독립운동을 組織적으로 전개해 나갔다.
(   )

78. 야당에서 출마한 대통령 후보들은 정권 交替를 주장하였다.
(   )

79. 同盟을 맺은 독일, 일본, 이탈리아는 연합국에 대항하였다.
(   )

80. 구제역의 여파로 家畜사육 농가의 시름이 커지고 있다.
(   )

81. 오후 내내 어려운 微分방정식을 풀었다.
(   )

82. 나의 단점에 대해 남과 比較하면 기분이 좋지 않다.
(   )

83. 부모님은 자식이 聰明하고 건강하게 자라나길 바란다.
(   )

84. 독수리가 蒼空을 날고 있다.
(   )

85. 소나무재선충으로 인해 소나무와 잣나무가 枯死 직전에 있다.
(   )

86. 이로써 위는 滅亡하고, 진 왕조가 탄생하게 되었다.
(   )

※ 다음 문장 중 (   )안의 단어를 한자로 쓰시오.

87. 학급(회의)가 시작되었다.
(   )

88. 이 (물건)은 값이 많이 나가보인다.
(   )

89. 교복을 입은 언니의 모습이 (숙녀)같았다.
(   )

90. 이 문제는 (차후)에 다시 논의하도록 하자.
(　　　　　)

91. 지각을 하고서도 동생은 천하(태평)이었다.
(　　　　　)

92. (붕우유신)이란 벗 사이에는 믿음이 있어야 함을 뜻한다.
(　　　　　)

93. 위기상황에서 구원투수로 교체 투입된 그의 책임이 (막중)하였다.
(　　　　　)

※ 다음 문장 중 한자어의 잘못 쓰인 부분을 바르게 고쳐 쓰시오.

94. 아버지의 승진을 축하하며 다함께 乾拜를 하였다.
(　　→　　)

95. 수학경시대회에서 좋은 성적을 거둬 賞章을 받았다.
(　　→　　)

※ 다음 〈보기〉의 한자성어에 대한 설명을 읽고 □안에 들어갈 한자를 쓰시오.

96. □面□　　(　　,　　)

보기
'쇠로 만든 얼굴가죽'이라는 뜻으로, 뻔뻔스럽고 염치없는 사람을 이르는 말

97. 金□玉□　　(　　,　　)

보기
'황금으로 된 나뭇가지와 옥으로 만든 나뭇잎'이란 뜻으로, 귀한 집안의 자손을 뜻함

98. 仁者□□　　(　　,　　)

보기
'어진 사람은 적이 없다.'는 뜻으로, 어진 사람은 모든 이를 사랑으로 포용하므로 적이 없음을 이름

99. □□者黑　　(　　,　　)

보기
'먹을 가까이 하는 사람은 검게 된다.'는 뜻으로, 나쁜 사람을 가까이하면 자신도 모르게 물들기 쉽다는 말

100. □兄□弟　　(　　,　　)

보기
'형인지 아우인지 알기 어렵다.'는 말로, 우열을 가리기가 어렵고 비슷비슷함을 뜻함

02 한자자격시험 준3급 연습문제

- 객관식 문제의 정답은 OMR 답안지에 컴퓨터용 펜으로 바르게 표기하세요!
- 주관식 정답은 OMR 주관식 답안란에 파란색 또는 빨간색 플러스 펜으로 쓰세요.
- OMR 답안지 모형은 홈페이지에서 내려 받을 수 있습니다.
  ▷ 한글인터넷주소 : 한자자격시험

다음은 [객관식] 문항입니다. 정답을 컴퓨터용 펜으로 OMR 객관식 답안 칸에 바르게 표기하세요.

※ 다음 [ ]안의 한자와 음이 같은 한자는?

1. [庫] ①運 ②孤 ③床 ④巖
2. [難] ①暖 ②卵 ③羅 ④推
3. [惜] ①憶 ②暑 ③昔 ④借
4. [配] ①酉 ②杯 ③皆 ④乃
5. [揚] ①場 ②傷 ③仰 ④讓

※ 다음 [ ]안의 한자와 뜻이 상대(반대)되는 한자는?

6. [乾] ①朝 ②敢 ③坤 ④層
7. [虛] ①虎 ②空 ③處 ④滿

※ 다음 [ ]안의 한자와 뜻이 비슷한 한자는?

8. [歡] ①悅 ②飮 ③權 ④華

9. [淨] ①派 ②潔 ③深 ④浪
10. [切] ①斷 ②窮 ③節 ④終

※ 다음 〈보기〉의 낱말들과 가장 관련이 깊은 한자는?

11. 보기 | 유리 청동 백설공주
    ①銀 ②監 ③針 ④鏡

12. 보기 | 황혼 노을 저녁
    ①困 ②幾 ③暮 ④凉

13. 보기 | 십이지장 위장 대장
    ①育 ②胸 ③脚 ④腸

※ 다음 [ ]안 한자어의 독음이 바른 것을 고르시오.

14. [音韻] ①음원 ②음운 ③의원 ④음정
15. [蒸散] ①증산 ②승산 ③승철 ④증발
16. [彈性] ①단성 ②천성 ③탄성 ④활성
17. [普遍] ①음편 ②보편 ③음선 ④보통
18. [碑銘] ①비석 ②패명 ③패물 ④비명

02 한자자격시험 준3급 연습문제

※ 다음 설명과 같은 뜻을 지닌 한자어는?

19. 금전을 융통하는 일
    ① 豫算 ② 隆盛 ③ 金融 ④ 利潤

20. 어떤 무리에서 싫어하여 따돌리거나 멀리함
    ① 疎外 ② 竝列 ③ 沈默 ④ 騷音

21. 약물의 반복 복용에 의해 약효가 저하하는 현상
    ① 狀況 ② 耐性 ③ 反映 ④ 醉氣

22. 넓고 큰 바다
    ① 交涉 ② 液晶 ③ 洗劑 ④ 滄海

23. 한 가문의 계통과 혈통 관계를 적어 기록한 책
    ① 飜案 ② 族譜 ③ 血緣 ④ 親戚

24. 자치권을 가진 다수의 나라가 공통의 정치 이념 아래에서 연합하여 구성하는 국가
    ① 祠堂 ② 福祉 ③ 封建 ④ 聯邦

※ 다음 문장 중 ( )안에 들어갈 한자어로 알맞은 것은?

25. 강물이 ( )해 지는 것을 방지하기 위해 하수 정화시설을 정비하였다.
    ① 潛水 ② 開港 ③ 混濁 ④ 逸脫

26. 폭설이 쏟아지는 산에서 조난을 당한 그는 ( )하였다.
    ① 凍死 ② 機構 ③ 寄生 ④ 抵抗

27. 뜨거운 여름날에는 피부보호를 위해 ( )차단제를 바르는 것이 좋다.
    ① 乾電池 ② 太陽曆 ③ 紫外線 ④ 似而非

28. 어머니께서 사주신 신발이 맞지 않아 다른 제품으로 ( )하였다.
    ① 交換 ② 座標 ③ 指揮 ④ 振動

29. 대학 입시에 떨어진 친구를 ( )했다.
    ① 提案 ② 厄運 ③ 殘忍 ④ 慰勞

30. 부모님의 칭찬과 ( )는 큰 힘이 된다.
    ① 踏査 ② 激勵 ③ 倒置 ④ 對照

다음은 [주관식] 문항입니다. 정답을 플러스 펜으로 OMR 주관식 답안 칸에 쓰세요.

※ 다음 한자의 훈음을 쓰시오.

31. 背 (   )   32. 甚 (   )

33. 居 (   )   34. 納 (   )

35. 際 (   )   36. 怨 (   )

37. 殺 (   )   38. 於 (   )

39. 尤 (   )   40. 幾 (   )

※ 다음 훈음에 맞는 한자를 쓰시오.

41. 도울 부 (   )   42. 또 차 (   )

43. 무리 류 (   )   44. 경영할 영 (   )

45. 목숨 수 (   )

※ 다음 □안에 공통으로 들어갈 한자를 <보기>에서 찾아 쓰시오.

보기	吸　檢　格　球　從

46. 追□   □事   服□   (   )

47. □算   □擧   □事   (   )

48. 送□   打□   野□   (   )

※ 다음 <보기>의 주어진 뜻으로 보아 □안에 공통으로 들어갈 한자를 쓰시오.

49. ① 風□   ② 放□   (   )

보기
① 바람과 물결을 아울러 이르는 말
② 정한 곳 없이 이리저리 떠돌아다님

50. ① □力   ② □會   (   )

보기
① 전체의 모든 힘
② 구성원 전체가 모여서 어떤 일에 관하여 의논함

51. ① 手□   ② □階   (   )

보기
① 어떤 목적을 이루기 위한 방법
② 일의 차례를 따라 나아가는 과정

※ 다음 한자어의 독음을 쓰시오.

52. 飛行 (   )   53. 戊戌 (   )

54. 素朴 (   )   55. 憂愁 (   )

56. 渴望 (   )   57. 繼承 (   )

58. 唯一 (   )   59. 植栽 (   )

60. 巖石 (   )   61. 余等 (   )

62. 藥局 (   )   63. 晩學 (   )

64. 亥年 (   )   65. 不得已 (   )

66. 吾鼻三尺 (   )

※ 다음 글을 읽고 밑줄 친 낱말이 뜻하는 한자를 <보기>에서 찾아 쓰시오.

공기가 한 곳에 오래 (67)**머물게** 되면 공기 전체의 성질이 서서히 변하게 된다. 추운 (68)**지역**에 있는 공기의 온도는 낮아지고, (69)**따뜻한** 지역에 있는 공기의 온도는 높아진다.
겨울에 북서풍이 강하게 (70)**불면** 기온이 갑자기 (71)**내려가는데**, 이는 북쪽의 대륙에서 발달한 차고 (72)**건조한** 공기가 우리나라에 영향을 (73)**미칠** 때에도 이러한 성질이 잘 변하지 않기 때문이다. 이와 같이 넓은 범위에 걸쳐 기온과 습도가 거의 같은 공기 덩어리를 기단이라고 한다.

보기	降　暖　露　域　及　留　柔　乾　吹

02 한자자격시험 준3급 연습문제

67. (   )   68. (   )   69. (   )

70. (   )   71. (   )   72. (   )

73. (   )

※ 다음 문장 중 한자어의 독음을 쓰시오.

74. 행정부의 최고 審議기관은 국무회의이다.
(   )

75. 대화와 寬容이 이번 사태해결의 열쇠이다.
(   )

76. 그는 아직 병역 未畢이다.
(   )

77. 弊社를 방문해주신 고객님께 진심으로 감사드립니다.
(   )

78. 조선시대의 숭유억불 정책으로 인해 寺刹은 산속으로 은둔하게 되었다.
(   )

79. 전국揮毫대회에 참가하였다.
(   )

80. 매일 문자를 주고받던 친구로부터 忽然 연락이 두절되었다.
(   )

81. 소방안전 의식을 鼓吹시키기 위해 안전체험 교육을 실시하였다.
(   )

82. 학교장 推薦으로 해외연수를 가게 되었다.
(   )

83. 입학할 교정을 바라보며 覺悟를 새롭게 다졌다.
(   )

84. 기행문은 여행을 통하여 보고 듣고 느낀 바를 敍述한 글이다.
(   )

85. 독일어의 名詞는 남성, 여성, 중성 중 하나의 성을 가진다.
(   )

86. 아파트를 擔保로 은행에서 대출을 받았다.
(   )

※ 다음 문장 중 (   )안의 단어를 한자로 쓰시오.

87. 친구들과 영화(관람)을 하였다.
(   )

88. 게임에서 진 팀에게 (벌칙)이 주어졌다.
(   )

89. 열대야 (현상)으로 밤잠을 이루기 힘들었다.
(   )

184 6. 연습문제

90. 대보름날 쥐불놀이를 하며 (풍년)을 기원했다.
(   )

91. 오늘 (토론)의 주제는 '환경보호'에 관한 것이다.
(   )

92. 그녀는 동창회에 유일하게 참석한 (홍일점)이었다.
(   )

93. 머물러 있는 한 달 동안 (숙모)는 나를 친딸처럼 대해주셨다.
(   )

※ 다음 문장 중 한자어의 잘못 쓰인 부분을 바르게 고쳐 쓰시오.

94. 아버지께서 出近하시기 전에 구두를 닦아드렸다.
(→   )

95. 우리 회사는 올해로 窓社 30주년을 맞는다.
(→   )

※ 다음 〈보기〉의 한자성어에 대한 설명을 읽고 □안에 들어갈 한자를 쓰시오.

96. 衆口□□   (,   )

보기
'여러 사람의 입은 막기가 어렵다.'는 말로 많은 사람이 마구 떠들어대는 소리는 감당하기 어렵다는 뜻

97. □□之勢   (,   )

보기
'대나무를 쪼갤 때의 기세'라는 뜻으로, 거침없이 맹렬한 기세를 말함

98. 事□□正   (,   )

보기
'모든 일은 반드시 바른 곳에 돌아오기 마련'이라는 뜻

99. 以卵□□   (,   )

보기
'계란으로 바위치기'라는 뜻으로, 약한 것으로 강한 것을 당해 내려는 무모하고 어리석은 짓을 말함

100. □□外患   (,   )

보기
나라 안팎의 근심거리

03 한자자격시험 준3급 연습문제

- 객관식 문제의 정답은 OMR 답안지에 컴퓨터용 펜으로 바르게 표기하세요!
- 주관식 정답은 OMR 주관식 답안란에 파란색 또는 빨간색 플러스 펜으로 쓰세요.
- OMR 답안지 모형은 홈페이지에서 내려 받을 수 있습니다.

▷ 한글인터넷주소 : 한자자격시험

주소(D) 한자자격시험

다음은 [객관식] 문항입니다. 정답을 컴퓨터용 펜으로 OMR 객관식 답안 칸에 바르게 표기하세요.

※ 다음 [ ]안의 한자와 음이 같은 한자는?

1. [犯] ① 凡 ② 驗 ③ 危 ④ 指
2. [掃] ① 指 ② 素 ③ 婦 ④ 歸
3. [但] ① 壇 ② 只 ③ 倍 ④ 炭
4. [汝] ① 淺 ② 也 ③ 謠 ④ 余
5. [困] ① 庫 ② 團 ③ 坤 ④ 群

※ 다음 [ ]안의 한자와 뜻이 상대(반대)되는 한자는?

6. [忙] ① 悅 ② 閑 ③ 悟 ④ 憶
7. [暖] ① 吹 ② 混 ③ 暑 ④ 冷

※ 다음 [ ]안의 한자와 뜻이 비슷한 한자는?

8. [班] ① 境 ② 營 ③ 區 ④ 渴

9. [吾] ① 我 ② 悟 ③ 戌 ④ 柔
10. [卓] ① 早 ② 栽 ③ 災 ④ 崇

※ 다음 〈보기〉의 낱말들과 가장 관련이 깊은 한자는?

11. | 보기 | 젓가락   짝꿍   부부 |

① 配   ② 警   ③ 鳴   ④ 炎

12. | 보기 | 두부   된장   완두 |

① 査   ② 倍   ③ 豆   ④ 浮

13. | 보기 | 엉엉   흑흑   훌쩍훌쩍 |

① 昔   ② 也   ③ 讓   ④ 泣

※ 다음 [ ]안 한자어의 독음이 바른 것을 고르시오.

14. [委員] ① 위원 ② 의원 ③ 인원 ④ 지원
15. [缺陷] ① 결염 ② 군함 ③ 결함 ④ 부염
16. [貪慾] ① 염원 ② 금속 ③ 함욕 ④ 탐욕
17. [享有] ① 형유 ② 향유 ③ 자유 ④ 정유
18. [政黨] ① 정상 ② 공당 ③ 정당 ④ 암묵

※ 다음 설명과 같은 뜻을 지닌 한자어는?

19. 이른바
① 所謂　② 反映　③ 批評　④ 隱喩

20. 인정이 없고 아주 모짊
① 逸脫　② 隔差　③ 被害　④ 殘忍

21. 통속적으로 쓰는 저속한 말
① 卑俗語　② 變態　③ 厄運　④ 幼稚

22. 아주 사무치게 미워함. 또는 그런 마음
① 情緖　② 憎惡　③ 慰勞　④ 愼重

23. 빌린 것을 다시 되갚아야 하는 의무
① 債務　② 啓蒙　③ 條約　④ 需要

24. 조선 시대에, 역대 임금과 왕비의 위패를 모시던 왕실의 사당
① 宮闕　② 官廳　③ 宗廟　④ 要塞

※ 다음 문장 중 ( )안에 들어갈 한자어로 알맞은 것은?

25. 새로 발명된 이 제품은 조작이 ( )하고 전력 소모가 적다.
① 簡單　② 尖端　③ 政策　④ 緊張

26. 노조원들은 협상안이 ( )될 때까지 농성에 들어갔다.
① 寄稿　② 奮發　③ 抵抗　④ 貫徹

27. 기타 자세한 ( )은 전화로 문의하시기 바랍니다.
① 投機　② 事項　③ 飽和　④ 含蓄

28. 학교 앞 도로에서는 ( )운전해야 한다.
① 徐行　② 衝突　③ 趣味　④ 妥當

29. 수영은 ( )을 증대시키기에 좋은 운동이다.
① 紫外線　② 生活圈　③ 過怠料　④ 肺活量

30. 민속( )은 민간의 생활양식, 풍속, 습관과 관련된 자료들을 모아 전시하고 있다.
① 太陽曆　② 大雄殿　③ 博物館　④ 測雨器

> 다음은 [주관식] 문항입니다. 정답을 플러스 펜으로 OMR 주관식 답안 칸에 쓰세요.

※ 다음 한자의 훈음을 쓰시오.

31. 胸 (　　　)　32. 虎 (　　　)

33. 賀 (　　　)　34. 坤 (　　　)

35. 閉 (　　　)　36. 勸 (　　　)

37. 層 (　　　)　38. 難 (　　　)

39. 執 (　　　)　40. 留 (　　　)

※ 다음 훈음에 맞는 한자를 쓰시오.

41. 법도 준 (　　　)　42. 하고자할 욕 (　　　)

43. 마을 제 (　　　)　44. 사랑 자 (　　　)

45. 구를 전 (　　　)

03 한자자격시험 준3급 연습문제

※ 다음 □안에 공통으로 들어갈 한자를 <보기>에서 찾아 쓰시오.

보기	舞　局　境　祕　潔

46. □面　對□　開□　(　　)

47. 歌□　□曲　群□　(　　)

48. 極□　神□　□密　(　　)

※ 다음 <보기>의 주어진 뜻으로 보아 □안에 공통으로 들어갈 한자를 쓰시오.

49. ① 於此□　② □此　(　　)

　보기
　① 이렇게 하든지 저렇게 하든지
　② 저것과 이것을 아울러 이르는 말

50. ① □害　② 水□　(　　)

　보기
　① 재앙으로 말미암아 받는 피해
　② 홍수나 장마 따위의 물로 입는 피해

51. ① □空　② □脫　(　　)

　보기
　① 텅 빈 공중
　② 몸에 기운이 빠지고 정신이 멍한 상태

※ 다음 한자어의 독음을 쓰시오.

52. 昌盛 (　　)　53. 果敢 (　　)

54. 壯丁 (　　)　55. 類推 (　　)

56. 勤儉 (　　)　57. 痛快 (　　)

58. 華氏 (　　)　59. 貞節 (　　)

60. 戒律 (　　)　61. 推仰 (　　)

62. 郞君 (　　)　63. 崇尙 (　　)

64. 宇宙船 (　　)　65. 汝矣島 (　　)

66. 烏合之卒 (　　)

※ 다음 글을 읽고 밑줄 친 낱말이 뜻하는 한자를 <보기>에서 찾아 쓰시오.

나라마다 나라꽃이 있으며, 미국은 (67)**주**마다 주의 꽃이 정해져 있다. 우리나라에서는 법으로 정한 일도 (68)**없이** 자연스럽게 무궁화가 국화로 굳어졌고, (69)**또** 국민들은 이 꽃을 사랑해왔다.
　일제강점기에는 무궁화를 뜰에 (70)**심는** 것조차 일인관리들이 단속하였고, 무궁화로 한반도 지도를 수놓아 벽에 거는 것은 거의 반역죄를 (71)**범한** 것처럼 다루었다. 그러나 일제강점기에 노예와 (72)**다름**없는 생활을 해 오는 동안에도, 무궁화에 대한 우리 민족의 애틋한 사랑은 많은 사람들의 가슴 속에 뿌리 (73)**깊이** 자랐다.

보기	央　莫　又　異　喪　深　州　栽　犯

67. (   )   68. (   )   69. (   )

70. (   )   71. (   )   72. (   )

73. (   )

※ 다음 문장 중 한자어의 독음을 쓰시오.

74. 신발장에 숯을 넣어두면 惡臭제거 효과를 볼 수 있다.
(   )

75. 공사장사고로 잠시 전력供給이 중단되었다.
(   )

76. 기온이 零下로 떨어지고, 서리가 내렸다.
(   )

77. 범인은 사기 혐의로 경찰에 拘束되었다.
(   )

78. 책상整理가 잘 되어 있으면 공부가 잘 된다.
(   )

79. 제출된 안건에 대해 肯定적인 평가가 이루어졌다.
(   )

80. 일반적으로 영어에서의 疑問文은 주어가 동사 뒤에 놓인다.
(   )

81. 드라이아이스는 이산화탄소를 압축 冷却시킨 것이다.
(   )

82. 수학여행을 위한 사전 踏査는 필수적이다.
(   )

83. '90도보다는 크고 180도보다는 작은 각'을 鈍角이라고 한다.
(   )

84. 거짓정보를 만들어 퍼트린 네티즌을 名譽훼손으로 고소했다.
(   )

85. 이 지도의 縮尺은 오만분의 일이다.
(   )

86. 국민건강保險은 의무적으로 가입해야 한다.
(   )

※ 다음 문장 중 ( )안의 단어를 한자로 쓰시오.

87. 담임선생님은 (기혼)이시다.
(   )

88. (미술)시간에 '탈 만들기'를 하였다.
(   )

89. (공사다망)했던 한 해도 저물어가고 있다.
(   )

한자자격시험 준3급

90. (평범)해 보이던 그 친구가 가수로 데뷔했다.
( )

91. 평소에 (유순)한 성격인 동생이 무섭게 화를 냈다.
( )

92. 학교의 사물놀이 동아리에서 (단원)을 모집 중이다.
( )

93. 아버지께서는 (약속)을 목숨처럼 소중히 생각하신다.
( )

※ 다음 문장 중 한자어의 잘못 쓰인 부분을 바르게 고쳐 쓰시오.

94. 부모님은 서로 다른 種敎를 가지고 계신다.
(→)

95. 새로 산 가방이 매우 高給스러워 보였다.
(→)

※ 다음 〈보기〉의 한자성어에 대한 설명을 읽고 □안에 들어갈 한자를 쓰시오.

96. □□忘德 (,)

보기
'입은 은덕을 잊어버리고 배신함'이라는 뜻으로, 은혜를 모르는 경우를 이름

97. 多事□□ (,)

보기
여러 가지로 일도 많고 어려움도 많음

98. □□思之 (,)

보기
'처지를 바꾸어 그 일에 대해 생각한다.'는 뜻으로, 어떤 일을 상대편의 입장이 되어 생각해 보는 경우

99. □□引水 (,)

보기
'제 논에 물 대기'라는 뜻으로, 자기에게만 유리하게 행동하거나 생각하는 이기적인 경우

100. □□遠之 (,)

보기
'공경하나 그를 멀리한다.'는 뜻으로, 겉으로는 공경하는 체하면서 속으로는 멀리하는 경우

04 한자자격시험 준3급 연습문제

- 객관식 문제의 정답은 OMR 답안지에 컴퓨터용 펜으로 바르게 표기하세요!
- 주관식 정답은 OMR 주관식 답안란에 파란색 또는 빨간색 플러스 펜으로 쓰세요.
- OMR 답안지 모형은 홈페이지에서 내려 받을 수 있습니다.

▷ 한글인터넷주소 : 한자자격시험

주소(D) 한자자격시험

다음은 [객관식] 문항입니다. 정답을 컴퓨터용 펜으로 OMR 객관식 답안 칸에 바르게 표기하세요.

※ 다음 [ ]안의 한자와 음이 같은 한자는?

1. [具] ①窮 ②備 ③球 ④孤
2. [浪] ①良 ②郎 ③凉 ④央
3. [營] ①炎 ②勞 ③鳴 ④迎
4. [副] ①福 ②刑 ③浮 ④罰
5. [須] ①順 ②淑 ③唯 ④雖

※ 다음 [ ]안의 한자와 뜻이 상대(반대)되는 한자는?

6. [易] ①騷 ②難 ③吟 ④揚
7. [開] ①閉 ②閑 ③塞 ④悅

※ 다음 [ ]안의 한자와 뜻이 비슷한 한자는?

8. [於] ①職 ②于 ③尺 ④源
9. [賢] ①資 ②堅 ③潔 ④仁
10. [顔] ①容 ②眼 ③頂 ④日

※ 다음 〈보기〉의 낱말들과 가장 관련이 깊은 한자는?

11. 보기 | 서점 사전 출판
    ①酒 ②班 ③卷 ④何

12. 보기 | 태극기 성조기 일장기
    ①旗 ②就 ③篇 ④幾

13. 보기 | 침대 베개 이불
    ①錢 ②任 ③厚 ④眠

※ 다음 [ ]안 한자어의 독음이 바른 것을 고르시오.

14. [縱橫] ①종횡 ②종황 ③폭횡 ④천황
15. [感歎] ①애환 ②성탄 ③혹환 ④감탄
16. [石筍] ①석주 ②석순 ③석차 ④석회
17. [哲學] ①석학 ②박학 ③철학 ④권학
18. [抛物線] ①보물선 ②포물선 ③화물선 ④기물선

04 한자자격시험 준3급 연습문제

※ 다음 설명과 같은 뜻을 지닌 한자어는?

19. 죽은 사람의 넋
    ① 昇華   ② 腦死   ③ 靈魂   ④ 無影

20. 다른 것을 본뜨거나 본받음
    ① 對照   ② 誇張   ③ 啓蒙   ④ 模倣

21. 태도나 마음씨가 동정심 없이 차가움
    ① 冷淡   ② 冷却   ③ 覺悟   ④ 液晶

22. 지금까지 거쳐 온 학업, 직업, 경험 등의 내력
    ① 脈絡   ② 履歷   ③ 貫徹   ④ 遺蹟

23. 신문, 잡지 따위에 싣기 위하여 원고를 써서 보냄
    ① 寄稿   ② 矯正   ③ 供給   ④ 提案

24. 입법, 사법, 행정의 삼권을 포함하는 통치 기구를 통틀어 이르는 말
    ① 機構   ② 政策   ③ 組織   ④ 政府

※ 다음 문장 중 ( )안에 들어갈 한자어로 알맞은 것은?

25. 축제 때 공연할 연극 ( )을 만들었다.
    ① 講演   ② 隨筆   ③ 臺本   ④ 審議

26. 의견 ( )로 회의장은 아수라장이 되었다.
    ① 激勵   ② 衝突   ③ 關聯   ④ 規範

27. 수영을 잘하는 그는 ( )하는 것을 좋아한다.
    ① 洪水   ② 潮流   ③ 滄海   ④ 潛水

28. 경찰은 사회의 ( )과 질서를 위해 노력한다.
    ① 安寧   ② 拒絕   ③ 巧妙   ④ 恭遜

29. 유명 개그맨이 대학의 ( )교수로 임용되었다.
    ① 頃刻   ② 閨房   ③ 兼任   ④ 慣習

30. 올해 대학입학전형에서 내신 ( )비율이 높아질 전망이다.
    ① 貢獻   ② 反映   ③ 抑揚   ④ 旅程

> 다음은 [주관식] 문항입니다. 정답을 플러스 펜으로 OMR 주관식 답안 칸에 쓰세요.

※ 다음 한자의 훈음을 쓰시오.

31. 康 (   )   32. 床 (   )

33. 暖 (   )   34. 謠 (   )

35. 境 (   )   36. 員 (   )

37. 導 (   )   38. 乳 (   )

39. 穀 (   )   40. 諸 (   )

※ 다음 훈음에 맞는 한자를 쓰시오.

41. 만날 봉 (   )   42. 다할 진 (   )

43. 모일 사 (   )   44. 붉을 홍 (   )

45. 더울 서 (   )

※ 다음 □안에 공통으로 들어갈 한자를 <보기>에서 찾아 쓰시오.

보기	壇	息	朋	費	傷

46. □上　　祭□　　花□　　(　　　)

47. □處　　□害　　重□　　(　　　)

48. □用　　消□　　車□　　(　　　)

※ 다음 <보기>의 주어진 뜻으로 보아 □안에 공통으로 들어갈 한자를 쓰시오.

49. ① 打□　　② 招人□　　(　　　)

보기
① 종을 침
② 사람을 부르는 데 쓰이는 작은 종이나 전령

50. ① □查　　② □視　　(　　　)

보기
① 감독하고 검사함
② 단속하기 위하여 주의 깊게 살핌

51. ① 難□度　　② 交□　　(　　　)

보기
① 어려움과 쉬움의 정도
② 주로 나라와 나라 사이에서 물건을 사고팔고 하여 서로 바꿈

※ 다음 한자어의 독음을 쓰시오.

52. 墓域 (　　　)　　53. 損益 (　　　)

54. 瓦解 (　　　)　　55. 格式 (　　　)

56. 遊說 (　　　)　　57. 崇拜 (　　　)

58. 登頂 (　　　)　　59. 音階 (　　　)

60. 枝葉 (　　　)　　61. 茂盛 (　　　)

62. 皮革 (　　　)　　63. 犯罪 (　　　)

64. 群落 (　　　)　　65. 歡迎 (　　　)

66. 人之常情 (　　　)

※ 다음 글을 읽고 밑줄 친 낱말이 뜻하는 한자를 <보기>에서 찾아 쓰시오.

아픔이 그대의 삶으로 밀려와 마음을 흔들고 소중한 것들을 (67)**쓸어** 버릴 때면 그대 (68)**가슴**에 대고 다만 말하여라.

'이것 (69)**또한** 지나가리라.'

세상 모든 걱정과 (70)**근심**들이 그대를 (71)**좇아** (72)**하고자 하는** 일이 이루어 지지 않을 때에도 그대 마음에 (73)**머물러** 조용히 되새기라.

'이것 또한 지나가리라.'

보기	胸	憂	儉	從	留	欲	區	掃	亦

04 한자자격시험 준3급 연습문제

67. (   ) 68. (   ) 69. (   )

70. (   ) 71. (   ) 72. (   )

73. (   )

※ 다음 문장 중 한자어의 독음을 쓰시오.

74. 그는 우리의 제의를 흔쾌히 許諾했다.
(   )

75. 우리나라의 건국이념은 '弘益人間'이다.
(   )

76. 幕이 올라가고 우리의 연주가 시작되었다.
(   )

77. 다음 空欄에 들어갈 알맞은 한자어를 쓰시오.
(   )

78. 상품권이 불법으로 僞造되어 시중에 유통되었다.
(   )

79. 太陽曆은 고대 이집트에서 가장 먼저 사용되었다.
(   )

80. 공사장 騷音으로 인근 주민들이 불편을 겪고 있다.
(   )

81. 국내에서 생산되지 않는 그 상품은 稀少가치가 높다.
(   )

82. '을사保護조약' 보다는 '을사늑약'이라고 표현해야 된다.
(   )

83. 군대에 관련된 업무를 주관하는 주무 官廳은 국방부이다.
(   )

84. 부채比率이 적다는 것은 기업의 재무구조가 건실하다는 것을 의미한다.
(   )

85. 불꽃축제를 보기위해 모인 차량과 인파로 여의도 일대는 그야말로 교통地獄이었다.
(   )

86. 고종은 몽골의 침입을 받아 강화로 천도한 뒤 28년 동안 항쟁하였으나, 결국 屈伏하고 환도하였다.
(   )

※ 다음 문장 중 (   )안의 단어를 한자로 쓰시오.

87. 현충일에는 (조기)를 단다.
(   )

88. (약도)를 보고 도서관을 찾아갔다.
(   )

89. (시험)에 대비하여 열심히 공부하였다.
(   )

90. 대학에 들어가 처음으로 (맥주)를 마셨다.
( )

91. 우리 식구들은 과일과 (야채)를 즐겨먹는다.
( )

92. 회의용 탁자의 (중앙)에 꽃바구니를 놓았다.
( )

93. 반장을 뽑기 위해 후보를 추천하고 (투표)를 실시하였다.
( )

※ 다음 문장 중 한자어의 잘못 쓰인 부분을 바르게 고쳐 쓰시오.

94. 그는 低名한 소설가이다.
(→)

95. 오래된 사진첩을 보며 推憶을 떠올렸다.
(→)

※ 다음 〈보기〉의 한자성어에 대한 설명을 읽고 □안에 들어갈 한자를 쓰시오.

96. □日□日 (,)

보기
(이날이다, 저날이다 하는 식으로) 약속이나 기한 따위를 미루는 모양

97. □□月將 (,)

보기
날이 가고 달이 갈수록 점점 더 발전하고 성장하여 감을 뜻함

98. □□成仁 (,)

보기
'몸을 죽여 인(仁)을 이룬다' 는 뜻으로, 세상의 온갖 고난을 다 겪어 경험이 많음을 이르는 말

99. □上□下 (,)

보기
'위도 없고 아래도 없다.' 는 뜻으로, 실력의 차이가 거의 없는 경우

100. 目不□□ (,)

보기
낫 놓고 기역자도 모른다. 매우 무식함을 뜻함

05 한자자격시험 준3급 연습문제

- 객관식 문제의 정답은 OMR 답안지에 컴퓨터용 펜으로 바르게 표기하세요!
- 주관식 정답은 OMR 주관식 답안란에 파란색 또는 빨간색 플러스 펜으로 쓰세요.
- OMR 답안지 모형은 홈페이지에서 내려 받을 수 있습니다.

▷ 한글인터넷주소 : 한자자격시험

주소(D) 한자자격시험

다음은 [객관식] 문항입니다. 정답을 컴퓨터용 펜으로 OMR 객관식 답안 칸에 바르게 표기하세요.

※ 다음 [ ]안의 한자와 음이 같은 한자는?

1. [憂] ①秀 ②柳 ③遇 ④柔

2. [勞] ①露 ②迎 ③逢 ④任

3. [祕] ①配 ②設 ③密 ④費

4. [矣] ①殺 ②議 ③試 ④而

5. [淑] ①壽 ②愁 ③叔 ④混

※ 다음 [ ]안의 한자와 뜻이 상대(반대)되는 한자는?

6. [晩] ①暖 ②勉 ③早 ④免

7. [吸] ①呼 ②唯 ③鳴 ④吟

※ 다음 [ ]안의 한자와 뜻이 비슷한 한자는?

8. [旣] ①節 ②卽 ③已 ④己

9. [帝] ①群 ②皇 ③宇 ④宙

10. [乎] ①哉 ②栽 ③爭 ④或

※ 다음 〈보기〉의 낱말들과 가장 관련이 깊은 한자는?

11. 보기 | 책상 탁상 침상

①象 ②床 ③霜 ④狀

12. 보기 | 담배 굴뚝 모닥불

①煙 ②災 ③然 ④華

13. 보기 | 온대 열대 냉대

①罰 ②待 ③隊 ④候

※ 다음 [ ]안 한자어의 독음이 바른 것을 고르시오.

14. [老翁] ①효공 ②노공 ③노옹 ④효송

15. [火賊] ①화적 ②화친 ③화패 ④화성

16. [批評] ①비판 ②배반 ③대칭 ④비평

17. [厄運] ①액운 ②위군 ③위연 ④액군

18. [機構] ①기강 ②계계 ③기구 ④기체

※ 다음 설명과 같은 뜻을 지닌 한자어는?

19. 임금이 거처하는 집
   ① 閨房   ② 宮闕   ③ 古墳   ④ 座標

20. 불교 선종 계통의 절에서, 본존 불상을 모신 법당
   ① 異樣船   ② 裝身具   ③ 大藏經   ④ 大雄殿

21. 필요한 비용을 미리 헤아려 계산함
   ① 豫算   ② 添削   ③ 沒入   ④ 投機

22. 공연을 목적으로 하는 연극의 대본
   ① 飜案   ② 肖像   ③ 戱曲   ④ 圖鑑

23. 마음에 있는 것을 죄다 드러내어서 말함
   ① 吐露   ② 對照   ③ 絶叫   ④ 聰明

24. 일정한 주제에 대하여 청중 앞에서 강의 형식으로 말함
   ① 敍述   ② 許諾   ③ 稱讚   ④ 講演

※ 다음 문장 중 ( )안에 들어갈 한자어로 알맞은 것은?

25. 상품의 ( )가 늘어날 것에 대비해 생산량을 늘렸다.
   ① 政府   ② 弊社   ③ 需要   ④ 踏査

26. 복도에서 선생님을 만나면 ( )하게 인사를 해야 합니다.
   ① 遵法   ② 殘忍   ③ 整理   ④ 恭遜

27. 수표의 ( )에 이름과 연락처를 적었다.
   ① 名譽   ② 金融   ③ 裏面   ④ 株式

28. 국민에게는 ( )을 준수해야 할 의무가 있다.
   ① 憲法   ② 中庸   ③ 普遍   ④ 宣布

29. 각종 ( )를 통하여 좋은 정보를 얻을 수 있다.
   ① 妥當   ② 媒體   ③ 耐性   ④ 戶籍

30. 등반 도중 길을 잃은 등산객들이 ( )구조대에 의해 구조되었다.
   ① 山岳   ② 裁判   ③ 華燭   ④ 被害

다음은 [주관식] 문항입니다. 정답을 플러스 펜으로 OMR 주관식 답안 칸에 쓰세요.

※ 다음 한자의 훈음을 쓰시오.

31. 伏 (   )   32. 寫 (   )

33. 勿 (   )   34. 忍 (   )

35. 妻 (   )   36. 施 (   )

37. 露 (   )   38. 源 (   )

39. 幾 (   )   40. 幼 (   )

※ 다음 훈음에 맞는 한자를 쓰시오.

41. 다할 궁 (   )   42. 오로지 전 (   )

05 한자자격시험 준3급 연습문제

43. 깨끗할 결 (   )   44. 집   주 (   )

45. 내릴   강 (   )

※ 다음 □안에 공통으로 들어갈 한자를 <보기>에서 찾아 쓰시오.

보기	乘 堅 杯 射 域

46. 反□   □手   發□   (   )

47. □持   中□   □固   (   )

48. □車   □客   □用車   (   )

※ 다음 <보기>의 주어진 뜻으로 보아 □안에 공통으로 들어갈 한자를 쓰시오.

49. ① 金□   ② 倉□   (   )

보기
① 돈이나 재물을 넣어 두는 창고
② 물건이나 자재를 저장하거나 보관하는 건물

50. ① □帶   ② 改□   (   )

보기
① 가죽으로 만든 띠
② 제도나 기구 따위를 새롭게 뜯어고침

51. ① □香   ② 水□畫   (   )

보기
① 향기로운 먹 냄새
② 먹의 짙고 옅은 정도에 따라서 그린 그림

※ 다음 한자어의 독음을 쓰시오.

52. 起臥 (   )   53. 積極 (   )

54. 納凉 (   )   55. 智略 (   )

56. 初喪 (   )   57. 武器 (   )

58. 哀惜 (   )   59. 云爲 (   )

60. 採集 (   )   61. 丑時 (   )

62. 鋼鐵 (   )   63. 廣州 (   )

64. 儒林 (   )   65. 雖然 (   )

66. 動靜 (   )

※ 다음 글을 읽고 밑줄 친 낱말이 뜻하는 한자를 <보기>에서 찾아 쓰시오.

나이 든 사람이라면 누구나 젊은 시절로 (67)돌아가기를 바랍니다. 어느 (68)누구도 나이 들기를 원하지 않습니다.
그러나 삶에 만족을 느끼는 사람은 다릅니다. 성취감과 인생의 의미를 (69)깨달은 그들은 더 이상 돌아가고 싶어 하지 않습니다. (70)오히려 앞으로 (71)나아가기를 원합니다. 생명이 (72)다하는 날까지 (73)더욱 더 많은 것을 보고, 더욱 더 많은 일을 하고 싶어 합니다.

보기	誰 敢 就 盡 尤 悟 尙 痛 歸

67. (   )   68. (   )   69. (   )

70. (   )   71. (   )   72. (   )

73. (   )

※ 다음 문장 중 한자어의 독음을 쓰시오.

74. 병세가 악화되어 생명이 頃刻에 달렸다.
(   )

75. 그는 신변에 威脅을 느끼고 안전한 곳으로 피신을 했다.
(   )

76. 가던 길을 멈추고 暫時 뒤를 돌아보았다.
(   )

77. 그의 추리는 목격자들의 증언과 矛盾된다.
(   )

78. 정부에서는 尖端산업에 대한 지원과 기술을 확충했다.
(   )

79. 문화유적에는 조상의 정신과 智慧가 담겨있다.
(   )

80. 추리소설의 白眉는 예측하기 어려운 반전에 있다.
(   )

81. 醉氣를 못 이기고 잠이 들고 말았다.
(   )

82. 이 창고의 수용 능력은 이미 飽和상태에 이르렀다.
(   )

83. 문화와 문명이 서구화되어서 冠婚喪祭의 절차가 간소화되었다.
(   )

84. 작년 여름 洪水로 많은 수재민이 발생했다.
(   )

85. 정림사지 5층 石塔은 국보 제9호로 지정되어 있다.
(   )

86. 비만은 아이의 신체적 건강을 해칠 뿐만 아니라 情緖적 불안감까지 야기한다.
(   )

※ 다음 문장 중 (   )안의 단어를 한자로 쓰시오.

87. (고궁)에서 사생대회가 열렸다.
(   )

88. 몸의 (피로)를 풀기 위해 운동을 하였다.
(   )

89. 제후들은 (황제)를 배알하였다.
(   )

90. 그녀도 (역시) 나와 같은 생각이었다.
(   )

한 자 자 격 시 험 준 3 급

91. (근면)함과 성실함으로 타의 모범이 되었다.
( )

92. (국보) 문화재가 소실되어 안타까워했다.
( )

93. 그는 (단지) 알리바이가 없다는 이유로 범인으로 지목되었다.
( )

※ 다음 문장 중 한자어의 잘못 쓰인 부분을 바르게 고쳐 쓰시오.

94. 주변 협력국과 貟滿한 관계를 유지하였다.
(→)

95. 절대왕정의 구제도를 打波하고 시민사회를 건설하였다.
(→)

※ 다음 〈보기〉의 한자성어에 대한 설명을 읽고 □안에 들어갈 한자를 쓰시오.

96. □□之間 (,)
> 보기
> 손짓으로 부를 만한 가까운 거리

97. □□相從 (,)
> 보기
> 비슷한 사람끼리 서로 오가며 사귐

98. □□之卒 (,)
> 보기
> '까마귀 떼처럼 (아무런 질서도 없이) 모여있는 군사' 라는 뜻으로, 아무런 규율도 없고 보잘 것도 없는 사람들의 무리

99. □□有骨 (,)
> 보기
> '계란에 뼈가 있다.' 는 뜻으로 운이 나쁜 사람은 모처럼 좋은 기회가 와도 일이 잘 안풀린다는 뜻

100. 雪上□□ (,)
> 보기
> '눈 위에 서리가 더해진다.' 라는 뜻으로, 나쁜 일이 연달아 생겨나는 경우

06 한자자격시험 준3급 연습문제

- 객관식 문제의 정답은 OMR 답안지에 컴퓨터용 펜으로 바르게 표기하세요!
- 주관식 정답은 OMR 주관식 답안란에 파란색 또는 빨간색 플러스 펜으로 쓰세요.
- OMR 답안지 모형은 홈페이지에서 내려 받을 수 있습니다.

▷ 한글인터넷주소 : 한자자격시험

다음은 [객관식] 문항입니다. 정답을 컴퓨터용 펜으로 OMR 객관식 답안 칸에 바르게 표기하세요.

※ 다음 [ ]안의 한자와 음이 같은 한자는?

1. [勸] ①關 ②歡 ③卷 ④助
2. [悟] ①謠 ②烏 ③掃 ④虎
3. [射] ①討 ②村 ③差 ④査
4. [眠] ①勉 ②晩 ③眼 ④混
5. [甚] ①基 ②深 ③針 ④浪

※ 다음 [ ]안의 한자와 뜻이 상대(반대)되는 한자는?

6. [我] ①茂 ②威 ③汝 ④員
7. [推] ①猶 ②唯 ③候 ④引

※ 다음 [ ]안의 한자와 뜻이 비슷한 한자는?

8. [執] ①操 ②協 ③抱 ④投
9. [鷄] ①鳥 ②乙 ③酉 ④烏
10. [追] ①達 ②術 ③歸 ④從

※ 다음 〈보기〉의 낱말들과 가장 관련이 깊은 한자는?

11. 보기 난로 햇살 아랫목
    ①暖 ②陽 ③群 ④著

12. 보기 붓글씨 수묵화 벼루
    ①堅 ②規 ③墨 ④栽

13. 보기 기차 비행기 자동차
    ①納 ②乘 ③錄 ④牧

※ 다음 [ ]안 한자어의 독음이 바른 것을 고르시오.

14. [封建] ①경운 ②봉운 ③강건 ④봉건
15. [遺蹟] ①유적 ②귀족 ③견적 ④견책
16. [華燭] ①화적 ②필촉 ③화촉 ④필독
17. [祿俸] ①녹봉 ②녹차 ③연달 ④연봉
18. [福祉] ①부지 ②부호 ③복사 ④복지

06 한자자격시험 준3급 연습문제

※ 다음 설명과 같은 뜻을 지닌 한자어는?

19. 힘을 써 이바지함
① 反映 ② 貢獻 ③ 保險 ④ 許諾

20. 정치적 목적을 실현하기 위한 방책
① 政策 ② 寡占 ③ 聯邦 ④ 政黨

21. 긴장된 상태나 급박한 것을 느슨하게 함
① 旋回 ② 享有 ③ 慰勞 ④ 緩和

22. 여럿 가운데서 필요한 것을 골라 뽑음
① 條約 ② 選擇 ③ 中庸 ④ 添削

23. 같은 핏줄에 의하여 연결된 인연
① 情緖 ② 同盟 ③ 血緣 ④ 脈絡

24. 벼락의 피해를 막기 위하여 건물의 가장 높은 곳에 세우는, 끝이 뾰족한 금속제의 막대기
① 太陽曆 ② 避雷針 ③ 乾電池 ④ 紫外線

※ 다음 문장 중 ( )안에 들어갈 한자어로 알맞은 것은?

25. 비옥한 ( )에서 좋은 수확물을 얻을 수 있다.
① 氣壓 ② 莊園 ③ 還穀 ④ 土壤

26. ( )을 이용하여 외할머니댁에 다녀왔다.
① 週末 ② 寺刹 ③ 壁畵 ④ 彈性

27. ( )는 몸치장을 하는 데 쓰는 물건을 말한다.
① 測雨器 ② 裝身具 ③ 靑銅器 ④ 淸白吏

28. ( )삼아 배운 드럼실력을 발휘할 기회가 왔다.
① 趣味 ② 混濁 ③ 細菌 ④ 混雜

29. 중대장의 ( ) 아래 전 대원들은 일사불란하게 움직였다.
① 旋回 ② 戲弄 ③ 聘丈 ④ 指揮

30. ( )이란 일정한 형식을 따르지 않고 느낌이나 체험을 생각나는 대로 쓴 글을 말한다.
① 飜案 ② 隨筆 ③ 含蓄 ④ 戲曲

다음은 [주관식] 문항입니다. 정답을 플러스 펜으로 OMR 주관식 답안 칸에 쓰세요.

※ 다음 한자의 훈음을 쓰시오.

31. 臥 (   )   32. 圓 (   )

33. 雖 (   )   34. 頂 (   )

35. 射 (   )   36. 智 (   )

37. 凉 (   )   38. 積 (   )

39. 但 (   )   40. 儒 (   )

※ 다음 훈음에 맞는 한자를 쓰시오.

41. 곳집 고 (   )   42. 캘 채 (   )

43. 강철 강 (   )   44. 깨뜨릴 파 (   )

45. 가죽 혁 (   )

※ 다음 □안에 공통으로 들어갈 한자를 <보기>에서 찾아 쓰시오.

보기	路 床 宮 窮 露

46. □出   暴□   □店   (   )

47. 册□   病□   卓□   (   )

48. 貧□   無□   □理   (   )

※ 다음 <보기>의 주어진 뜻으로 보아 □안에 공통으로 들어갈 한자를 쓰시오.

49. ① □行   ② 實□   (   )

보기
① 실지로 행함
② 실제로 시행함

50. ① □稅   ② 減□   (   )

보기
① 세금을 면제함
② 매겨야 할 부담 따위를 덜어 주거나 면제함

51. ① 下□   ② □伏   (   )

보기
① 높은 곳에서 아래로 향하여 내려옴
② 적이나 상대편의 힘에 눌리어 굴복함

※ 다음 한자어의 독음을 쓰시오.

52. 寫眞 (   )   53. 移職 (   )

54. 幾望 (   )   55. 鐵板 (   )

56. 吹打 (   )   57. 配匹 (   )

58. 强忍 (   )   59. 吸煙 (   )

60. 誰何 (   )   61. 宇宙 (   )

62. 氣候 (   )   63. 淸潔 (   )

64. 妻弟 (   )   65. 及其也 (   )

66. 曰可曰否 (   )

※ 다음 글을 읽고 밑줄 친 낱말이 뜻하는 한자를 <보기>에서 찾아 쓰시오.

새해는 모든 것을 따뜻하게 (67)**맞이하자**.
산다는 것은 (68)**기쁨**과 (69)**슬픔**이 번갈아 오는 것.
지난해가 두려웠다면 용기를 가져라.
누군가를 (70)**원망**했다면 용서를 하여라.
마음 (71)**깊이** (72)**상하였더라도** (73)**고요히** 덮어 두어라.
인생의 옳고 그름은 그 끝자락에서나 알 수 있는 것이다.

보기	怨 具 深 惡 靜 哀 傷 迎 悅

67. (   )   68. (   )   69. (   )

06 한자자격시험 준3급 연습문제

70. (   )   71. (   )   72. (   )

73. (   )

※ 다음 문장 중 한자어의 독음을 쓰시오.

74. 그는 鬼神같은 솜씨를 발휘했다.
(   )

75. 벼룩, 회충 등은 동물의 몸에 寄生한다.
(   )

76. 개항 이후 이곳에는 異樣船이 자주 출몰하였다.
(   )

77. 큰아버지는 伯父, 작은아버지는 숙부라 한다.
(   )

78. 열차를 타고 섬진강 梅花축제에 다녀왔다.
(   )

79. 정부는 貧富격차의 해소를 위해 노력했다.
(   )

80. 팔만大藏經이 보관되어 있는 해인사를 방문하였다.
(   )

81. 여성의 사회참여가 늘면서 결혼이 늦어지는 傾向을 보인다.
(   )

82. 그는 검찰 수사에 대비해 거짓진술을 謀議한 혐의를 받고 있다.
(   )

83. 돼지고기는 수은과 鑛物성 중독을 치료하는데 도움이 된다고 한다.
(   )

84. 어려워 보이는 수학문제도 槪念과 원리를 이해하면 쉽게 해결할 수 있다.
(   )

85. 額子소설이란 이야기 속에 또 하나의 이야기가 들어 있는 소설을 말한다.
(   )

86. 三綱이란 유교의 도덕에서 기본이 되는 세 가지의 강령을 말한다.
(   )

※ 다음 문장 중 (   )안의 단어를 한자로 쓰시오.

87. (유아) 교육의 중요성이 점차 부각되고 있다.
(   )

88. 여유를 가지고 (현명)하게 처신하라.
(   )

89. 이 천연 세제는 (세정)효과가 뛰어나다.
(   )

90. (전공)을 살려서 직업을 선택했다.
( )

91. 응원 (부대)를 따라 해외 원정경기를 보러 갔다.
( )

92. 어머니는 가족도 없이 (고독)한 노년을 보내는 독거노인들을 도우신다.
( )

93. 어린아이는 (물론)이고, 노인들도 예방주사를 맞아야 한다.
( )

※ 다음 문장 중 한자어의 잘못 쓰인 부분을 바르게 고쳐 쓰시오.

94. 물은 생명의 根原이다.
(→)

95. 그는 檢素한 생활로 정평이 나있다.
(→)

※ 다음 〈보기〉의 한자성어에 대한 설명을 읽고 □안에 들어갈 한자를 쓰시오.

96. 結者□□ (,)

보기
'맺은 사람이 그것을 풀어야 한다.'는 뜻으로, 일을 벌인 사람이 그 일을 마무리해야 한다는 뜻

97. □□失色 (,)

보기
'크게 놀라 원래의 얼굴 빛을 잃어버리고 하얗게 변함'이라는 뜻으로, 몹시 놀람을 이르는 말

98. 無病□□ (,)

보기
'병 없이 오래 살다.'라는 뜻으로, 보통 나이드신 어른에게 기원의 말로 쓰임

99. 一刀□□ (,)

보기
'한 칼로 두 동강이를 낸다.'는 뜻으로, 일이나 행동을 머뭇거리지 않고 과감히 처리함을 이르는 말

100. 送舊□□ (,)

보기
'묵은 것을 보내고 새 것을 맞이함'이라는 뜻으로, 한 해를 보내고 새해를 맞이할 때 쓰는 말

07 한자자격시험 준3급 연습문제

- 객관식 문제의 정답은 OMR 답안지에 컴퓨터용 펜으로 바르게 표기하세요!
- 주관식 정답은 OMR 주관식 답안란에 파란색 또는 빨간색 플러스 펜으로 쓰세요.
- OMR 답안지 모형은 홈페이지에서 내려 받을 수 있습니다.
  ▷ 한글인터넷주소 : 한자자격시험
  주소(D) 한자자격시험

다음은 [객관식] 문항입니다. 정답을 컴퓨터용 펜으로 OMR 객관식 답안 칸에 바르게 표기하세요.

※ 다음 [ ]안의 한자와 음이 같은 한자는?

1. [壯] ① 腸 ② 陽 ③ 賞 ④ 唱
2. [旗] ① 菜 ② 栽 ③ 幾 ④ 威
3. [矣] ① 異 ② 吟 ③ 已 ④ 議
4. [窮] ① 局 ② 宮 ③ 射 ④ 寶
5. [敢] ① 嚴 ② 覽 ③ 監 ④ 聽

※ 다음 [ ]안의 한자와 뜻이 상대(반대)되는 한자는?

6. [余] ① 我 ② 餘 ③ 汝 ④ 除
7. [歡] ① 權 ② 悲 ③ 希 ④ 斷

※ 다음 [ ]안의 한자와 뜻이 비슷한 한자는?

8. [境] ① 庫 ② 鏡 ③ 域 ④ 檀

9. [居] ① 努 ② 往 ③ 勢 ④ 住
10. [宙] ① 宇 ② 營 ③ 深 ④ 寫

※ 다음 〈보기〉의 낱말들과 가장 관련이 깊은 한자는?

11. 보기 | 발레 뮤지컬 탱고
    ① 具 ② 舞 ③ 殺 ④ 査

12. 보기 | 태풍 지진 해일
    ① 災 ② 堅 ③ 浪 ④ 勉

13. 보기 | 검은 새 홍조 오작교
    ① 難 ② 鷄 ③ 驚 ④ 烏

※ 다음 [ ]안 한자어의 독음이 바른 것을 고르시오.

14. [飜案] ① 번안 ② 심안 ③ 반안 ④ 비안
15. [投機] ① 구기 ② 투기 ③ 수기 ④ 역기
16. [硬化] ① 강화 ② 편화 ③ 갱화 ④ 경화
17. [閨房] ① 규옥 ② 간방 ③ 규방 ④ 토옥
18. [巧妙] ① 교묘 ② 교소 ③ 공교 ④ 공묘

※ 다음 설명과 같은 뜻을 지닌 한자어는?

19. '고생하면서도 부지런하고 꾸준하게 학문을 닦음'을 이르는 말
① 聰明   ② 耐性   ③ 智慧   ④ 螢雪

20. 국방상 중요한 곳에 건설한 군사 방어 시설
① 要塞   ② 鳥嶺   ③ 名譽   ④ 官廳

21. 액체와 고체의 중간 상태에 있는 물질
① 濕度   ② 盲點   ③ 液晶   ④ 交涉

22. 중세기의 서양에서, 귀족이나 교회가 사유하던 토지
① 宗廟   ② 樓閣   ③ 宮闕   ④ 莊園

23. 사물이 서로 이어져 있는 관계나 연관
① 脈絡   ② 聯邦   ③ 拘束   ④ 根據

24. 직접 두 개의 사물을 비유하는 수사법
① 隱喩法   ② 直喩法   ③ 感歎文   ④ 漸層法

※ 다음 문장 중 ( )안에 들어갈 한자어로 알맞은 것은?

25. 과수농가에서는 태풍으로 막대한 ( )를 입었다.
① 抵抗   ② 微分   ③ 超越   ④ 被害

26. 시험 감독관은 신분증의 사진과 얼굴을 ( )하였다.
① 緊張   ② 對照   ③ 重複   ④ 憎惡

27. 그는 이 회사 ( )의 절반 이상을 소유한 대주주이다.
① 族譜   ② 環境   ③ 株式   ④ 補償

28. 현미경으로 ( )한 양파껍질 세포를 관찰하였다.
① 擴大   ② 分裂   ③ 竝列   ④ 反映

29. 허위 ( )광고에 현혹되어서는 안 된다.
① 相互   ② 含蓄   ③ 誇張   ④ 妥當

30. 나는 추리소설을 읽는데 ( )해 있어서 어머니께서 부르는 소리도 듣지 못했다.
① 混雜   ② 沒入   ③ 享有   ④ 醉氣

> 다음은 [주관식] 문항입니다. 정답을 플러스 펜으로 OMR 주관식 답안 칸에 쓰세요.

※ 다음 한자의 훈음을 쓰시오.

31. 局 (   )   **32.** 敢 (   )

33. 團 (   )   **34.** 而 (   )

35. 宗 (   )   **36.** 貞 (   )

37. 昌 (   )   **38.** 戒 (   )

39. 推 (   )   **40.** 忙 (   )

※ 다음 훈음에 맞는 한자를 쓰시오.

41. 저 피 (   )   **42.** 사내 랑 (   )

07 한자자격시험 준3급 연습문제

43. 빌 허 (   )   44. 검소할 검 (   )

45. 빛날 화 (   )

※ 다음 □안에 공통으로 들어갈 한자를 <보기>에서 찾아 쓰시오.

보기	眠　卷　綠　錄　眼

46. 目□   登□   □音   (   )

47. 熟□   不□   冬□   (   )

48. 席□   上□   全□   (   )

※ 다음 <보기>의 주어진 뜻으로 보아 □안에 공통으로 들어갈 한자를 쓰시오.

49. ① □界   ② 死□   (   )

보기
① 지역이 갈라지는 한계
② 죽음에 이른 경지

50. ① 相□   ② □着   (   )

보기
① 서로 만남
② 어떤 처지나 상태에 부닥침

51. ① □會   ② 會□   (   )

보기
① 무리끼리 모여 이루는 집단
② 영리 행위를 목적으로 하는 사단 법인

※ 다음 한자어의 독음을 쓰시오.

52. 穀間 (   )   53. 指導 (   )

54. 需要 (   )   55. 喜悅 (   )

56. 止揚 (   )   57. 諸道 (   )

58. 寒暑 (   )   59. 任務 (   )

60. 麥酒 (   )   61. 暖房 (   )

62. 康健 (   )   63. 總員 (   )

64. 葉錢 (   )   65. 極盡 (   )

66. 厚德 (   )

※ 다음 글을 읽고 밑줄 친 낱말이 뜻하는 한자를 <보기>에서 찾아 쓰시오.

한 송이 꽃잎처럼
(67)**부드럽게** 하늘로 (68)**날아오르는**
봄 나비 한 마리를 바라(69)**보며**
그가 겪었을 긴 역사를 (70)**생각합니다**.

작은 (71)**알**이었던 시절부터
한 (72)**점**의 공간을 우주로 삼고
길고 긴 시간 (73)**외로움**을 견디며
그 생명을 소중히 간직해왔을 테지요.

보기	憶　店　卵　柔　覽　飛　點　羅　孤

67. (   )   68. (   )   69. (   )

70. (   )   71. (   )   72. (   )

73. (   )

※ 다음 문장 중 한자어의 독음을 쓰시오.

74. 자네 聘丈어른은 안녕하신가?
(   )

75. 靑銅器시대의 유물이 출토되었다.
(   )

76. 아무 조건 없이 그 提案을 받아들였다.
(   )

77. 開港 이후, 서구 문물이 물밀듯 들어왔다.
(   )

78. 이 과일음료는 유난히 濃度가 진했다.
(   )

79. 그는 날이 갈수록 幼稚해진다.
(   )

80. 참고서에 별책 附錄으로 단어장이 들어있었다.
(   )

81. 稀少가치가 뛰어난 상품 개발에 주력하였다.
(   )

82. 장사수완이 좋은 그는 올해도 많은 利潤을 남겼다.
(   )

83. 휴전이 宣布된 후에도, 소규모의 국지전은 계속되고 있다.
(   )

84. 외국인 근로자들에 대한 사회적 偏見과 차별은 없어져야 한다.
(   )

85. 조선 세종 24년에 만들어진 測雨器는 세계 최초의 우량계이다.
(   )

86. 간첩활동을 한 행위로 起訴된 피고에게 중형이 선고되었다.
(   )

※ 다음 문장 중 (   )안의 단어를 한자로 쓰시오.

87. (우유)를 마시면 뼈가 튼튼해진다.
(   )

88. (지금) 해야 할 일을 미루지 마라.
(   )

89. (동요) 반주에 맞춰 노래와 율동을 했다.
(   )

90. 정해진 목표를 (성취)하기 위해 노력하였다.
( )

91. 나의 친구가 학급 (반장)으로 뽑혔다.
( )

92. 오랜만에 (휴식)을 취하며 즐거운 시간을 보냈다.
( )

93. 모르는 한자를 (옥편)에서 찾아보았다.
( )

※ 다음 문장 중 한자어의 잘못 쓰인 부분을 바르게 고쳐 쓰시오.

94. 河如間 이번 과제는 함께 풀어야한다.
(→)

95. 피고인에게 무거운 形罰이 내려졌다.
(→)

※ 다음 〈보기〉의 한자성어에 대한 설명을 읽고 □안에 들어갈 한자를 쓰시오.

96. 朝令□□ (,)

보기
'아침에 명령한 것을 저녁에 다시 바꾼다.'는 뜻으로, 명령을 내린 것이 일관성 없이 자주 바뀌어 종잡을 수가 없음을 뜻함

97. □□兩難 (,)

보기
'(앞으로) 나아가거나 (뒤로) 물러나는 것 두 가지가 모두 어려움'이라는 뜻으로, 이러기도 어렵고 저러기도 어려운 매우 난처한 처지에 놓여 있음을 이르는 말

98. □□三尺 (,)

보기
'내 코가 석자'라는 뜻으로, 내 사정이 급하여 남을 돌볼 여유가 없는 경우

99. □□佳人 (,)

보기
세상에서 뛰어나게 아름다운 사람

100. 人之□□ (,)

보기
사람이라면 누구나 가지는 보통의 마음 또는 생각

08 한자자격시험 준3급 연습문제

■ 객관식 문제의 정답은 OMR 답안지에 컴퓨터용 펜으로 바르게 표기하세요!
■ 주관식 정답은 OMR 주관식 답안란에 파란색 또는 빨간색 플러스펜으로 쓰세요.
■ OMR 답안지 모형은 홈페이지에서 내려 받을 수 있습니다.

▷ 한글인터넷주소 : 한자자격시험

주소(D) 한자자격시험

다음은 [객관식] 문항입니다. 정답을 컴퓨터용 펜으로 OMR 객관식 답안 칸에 바르게 표기하세요.

※ 다음 [ ]안의 한자와 음이 같은 한자는?

1. [鋼] ①鏡 ②康 ③恒 ④仰
2. [專] ①團 ②泉 ③錢 ④積
3. [已] ①易 ②己 ③旣 ④祕
4. [絶] ①潔 ②卽 ③尺 ④切
5. [仁] ①惜 ②但 ③忍 ④庫

※ 다음 [ ]안의 한자와 뜻이 상대(반대)되는 한자는?

6. [乘] ①犯 ②下 ③酒 ④强
7. [閑] ①困 ②忘 ③忙 ④麥

※ 다음 [ ]안의 한자와 뜻이 비슷한 한자는?

8. [術] ①街 ②藝 ③墓 ④伏
9. [配] ①背 ②酉 ③匹 ④唯
10. [卷] ①喪 ②象 ③畵 ④篇

※ 다음 〈보기〉의 낱말들과 가장 관련이 깊은 한자는?

11. 보기 | 달래 시금치 고사리
    ①菜 ②若 ③舊 ④著

12. 보기 | 중간고사 평가 실험
    ①免 ②儉 ③驗 ④式

13. 보기 | 에밀레종 초인종 자명종
    ①鐘 ②鐵 ③鏡 ④錄

※ 다음 [ ]안 한자어의 독음이 바른 것을 고르시오.

14. [誘惑] ①유감 ②수혹 ③유혹 ④수감
15. [交涉] ①교보 ②문섭 ③문보 ④교섭
16. [戲弄] ①희롱 ②희한 ③희소 ④희곡
17. [距離] ①거절 ②고사 ③고취 ④거리
18. [鬪爭] ①항쟁 ②투쟁 ③전쟁 ④투기

08 한자자격시험 준3급 연습문제

※ 다음 설명과 같은 뜻을 지닌 한자어는?

19. 옳고 그름을 따져 판단함
    ① 裁判   ② 稱讚   ③ 選擇   ④ 三綱

20. 마땅히 따르고 지켜야 할 본보기
    ① 播種   ② 妥當   ③ 規範   ④ 憲法

21. 학문에서의 주장을 달리 하는 갈래
    ① 講演   ② 學派   ③ 啓蒙   ④ 事項

22. 재물에 대한 욕심이 없이 곧고 깨끗한 관리
    ① 冷淡   ② 信賴   ③ 異樣船   ④ 淸白吏

23. 그림이나 사진을 모아 실물 대신 볼 수 있도록 엮은 책
    ① 提案   ② 圖鑑   ③ 飜案   ④ 戶籍

24. 주로 경제적인 도움을 주고받거나 친목을 도모하기 위하여 만든 전래의 협동 조직
    ① 契   ② 核   ③ 寺刹   ④ 相互

※ 다음 문장 중 ( )안에 들어갈 한자어로 알맞은 것은?

25. 화산폭발로 화산재와 ( )이 분출되고 있다.
    ① 組織   ② 鎔巖   ③ 缺陷   ④ 蒸散

26. 할아버지의 환갑잔치에 일가 ( )이 다 모였다.
    ① 推薦   ② 哲學   ③ 親戚   ④ 政黨

27. 조상의 신주를 모셔 놓은 집을 ( )이라 한다.
    ① 根幹   ② 宮闕   ③ 鬼神   ④ 祠堂

28. ( )으로 거액을 기부한 선행이 세상에 알려졌다.
    ① 名譽   ② 匿名   ③ 交換   ④ 來賓

29. 장마철 높은 ( ) 때문에 빨래가 잘 마르지 않는다.
    ① 乾燥   ② 液晶   ③ 惡臭   ④ 濕度

30. 높은 산에 올라갈 때 귀가 멍멍해지는 것은 ( )이 낮아지기 때문이다.
    ① 氣壓   ② 昇華   ③ 騷音   ④ 慰勞

다음은 [주관식] 문항입니다. 정답을 플러스 펜으로 OMR 주관식 답안 칸에 쓰세요.

※ 다음 한자의 훈음을 쓰시오.

31. 歡 (   )   32. 云 (   )

33. 投 (   )   34. 傷 (   )

35. 略 (   )   36. 遊 (   )

37. 壇 (   )   38. 追 (   )

39. 借 (   )   40. 崇 (   )

※ 다음 훈음에 맞는 한자를 쓰시오.

41. 기와 와 (   )   42. 가지 지 (   )

43. 나타날 저 (　　　)　44. 덜 손 (　　　)

45. 무성할 무 (　　　)

※ 다음 □안에 공통으로 들어갈 한자를 <보기>에서 찾아 쓰시오.

| 보기 | 豆　留　植　浮　流 |

46. □上　　□橋　　□刻　　(　　　)

47. 綠□　　大□　　□乳　　(　　　)

48. □保　　□學　　□任　　(　　　)

※ 다음 <보기>의 주어진 뜻으로 보아 □안에 공통으로 들어갈 한자를 쓰시오.

49. ① 暴□　② □症　　(　　　)

보기
① 불볕더위
② 열이 오르고 아프며, 몸의 어느 부위가 빨갛게 붓는 증상

50. ① □才　② □作　　(　　　)

보기
① 뛰어난 재주
② 우수한 작품

51. ① □數　② □加　　(　　　)

보기
① 어떤 수의 갑절이 되는 수
② 갑절 또는 몇 배로 늘어남

※ 다음 한자어의 독음을 쓰시오.

52. 讓步 (　　　)　　53. 勸勉 (　　　)

54. 慈愛 (　　　)　　55. 準備 (　　　)

56. 警戒 (　　　)　　57. 淺學 (　　　)

58. 層階 (　　　)　　59. 吟味 (　　　)

60. 乾坤 (　　　)　　61. 悲鳴 (　　　)

62. 怨恨 (　　　)　　63. 擧皆 (　　　)

64. 今昔 (　　　)　　65. 胸像 (　　　)

66. 虎皮 (　　　)

※ 다음 글을 읽고 밑줄 친 낱말이 뜻하는 한자를 <보기>에서 찾아 쓰시오.

누구나 혼자이지 않은 사람은 (67)**없다**.
그러나 혼자가 주는 텅 (68)**빔**, 그 속에 (69)**안겨 있는** 가득한 여운, 그것을 사랑하라. 그렇게 혼자만의 시간에 길들라.

해가 (70)**저물고** 밤 (71)**하늘**에 별들이 하나둘 나타나는 시간, 들판에 누워 하늘을 바라보며 깊은 (72)**숨을 쉬어** 보아라.

황홀한 별빛
멀고 먼 거리, 시간이라 할 수 없는 수많은 세월을 넘어 저 홀로 (73)**빛나고** 있지 않은가.
반짝이는 것은 그렇듯 혼자다.
온몸에 바람 소리 챙겨 넣고 그대 홀로 떠나라.

| 보기 | 曾　虛　乾　息　繼　暮　華　抱　莫 |

08 한자자격시험 준3급 연습문제

67. (   ) 68. (   ) 69. (   )

70. (   ) 71. (   ) 72. (   )

73. (   )

※ 다음 문장 중 한자어의 독음을 쓰시오.

74. 그는 確信에 찬 목소리로 대답하였다.
   (   )

75. 컴퓨터 고장으로 附屬을 교체하였다.
   (   )

76. 독수리 한 마리가 공중을 旋回하고 있었다.
   (   )

77. 중국에서 노란색은 황제를 象徵한다.
   (   )

78. 조련사는 猛獸를 마치 애완동물 다루듯 하였다.
   (   )

79. 지난달의 貿易 흑자가 사상 최대를 기록하였다.
   (   )

80. 腦死자의 장기기증으로 여러 사람의 생명을 구할 수 있었다.
   (   )

81. 전직 경찰관이셨던 아버지는 遵法정신이 매우 투철하시다.
   (   )

82. 도서관에서는 휴대폰을 振動상태로 해 놓아야 한다.
   (   )

83. 그 친구의 어눌한 말투와 抑揚은 오히려 친근감을 느끼게 한다.
   (   )

84. 조선시대에 두 차례의 胡亂을 거치면서 백성들의 생활이 어려워졌다.
   (   )

85. 문경새재는 새가 넘는 고개라 하여 '鳥嶺'이라고도 불린다.
   (   )

86. 고구려의 고분壁畫는 고구려인의 사상과 생활모습을 알 수 있는 귀중한 연구 자료이다.
   (   )

※ 다음 문장 중 ( )안의 단어를 한자로 쓰시오.

87. 인도는 아직도 신분 (제도)가 남아있다.
   (   )

88. 지나친 (욕심)은 화를 부른다.
   (   )

89. 학생 수가 적은 산골분교가 (폐교)될 예정이다.
   (   )

90. 그 시는 너무 (난해)하여 이해할 수가 없었다.
   (   )

91. 동해는 (수심)이 매우 깊다.
   (   )

92. 완제품을 출시하기 전 철저한 제품 (검사)가 이루어진다.
   (   )

93. 결혼식장은 (하객)들로 인산인해를 이뤘다.
   (   )

※ 다음 문장 중 한자어의 잘못 쓰인 부분을 바르게 고쳐 쓰시오.

94. 그는 일에 대한 열정과 集念이 대단하다.
   (→   )

95. 傳學간 친구에게 전자우편을 보냈다.
   (→   )

※ 다음 〈보기〉의 한자성어에 대한 설명을 읽고 □안에 들어갈 한자를 쓰시오.

96. □□之石   (,   )

보기
'다른 산의 돌' 이라는 뜻으로, 다른 사람의 하찮은 말과 행동도 자신의 지식과 덕을 닦는 데 도움이 될 수 있다는 말

97. □□殺人   (,   )

보기
〈보기〉'한 치의 짧은 칼로 사람을 죽인다.' 는 뜻으로, 짧은 말로 사람의 마음을 찔러 감동시킨다는 의미

98. □豆□豆   (,   )

보기
'콩을 심으면 콩을 얻는다.' 는 뜻으로, 어떤 원인이 있으면 그에 따른 결과가 온다는 말

99. □□甘來   (,   )

보기
'고통이 다하면 기쁨이 온다.' 는 뜻

100. □□之勞   (,   )

보기
'개와 말의 수고' 라는 뜻으로, 윗사람에 대해 바치는 자기의 노력을 겸손하게 이르는 말

09 한자자격시험 준3급 연습문제

- 객관식 문제의 정답은 OMR 답안지에 컴퓨터용 펜으로 바르게 표기하세요!
- 주관식 정답은 OMR 주관식 답안란에 파란색 또는 빨간색 플러스 펜으로 쓰세요.
- OMR 답안지 모형은 홈페이지에서 내려 받을 수 있습니다.

▷ 한글인터넷주소 : 한자자격시험

주소(D) [한자자격시험]

다음은 [객관식] 문항입니다. 정답을 컴퓨터용 펜으로 OMR 객관식 답안 칸에 바르게 표기하세요.

※ 다음 [ ]안의 한자와 음이 같은 한자는?

1. [吹] ①息 ②吟 ③施 ④就

2. [借] ①惜 ②此 ③昔 ④着

3. [創] ①償 ②章 ③昌 ④則

4. [追] ①進 ②區 ③遷 ④推

5. [泉] ①淺 ②線 ③硏 ④免

※ 다음 [ ]안의 한자와 뜻이 상대(반대)되는 한자는?

6. [暖] ①溫 ②寒 ③略 ④階

7. [悅] ①說 ②孤 ③哀 ④愛

※ 다음 [ ]안의 한자와 뜻이 비슷한 한자는?

8. [刑] ①罰 ②創 ③犯 ④形

9. [勤] ①施 ②怒 ③勉 ④免

10. [康] ①居 ②建 ③潔 ④健

※ 다음 <보기>의 낱말들과 가장 관련이 깊은 한자는?

11. 보기 | 축구공 야구공 농구공
① 聲 ② 空 ③ 球 ④ 坤

12. 보기 | 새 비행기 잠자리
① 飛 ② 鳥 ③ 朋 ④ 乘

13. 보기 | 나무 화분 삽
① 哉 ② 制 ③ 宗 ④ 栽

※ 다음 [ ]안 한자어의 독음이 바른 것을 고르시오.

14. [拒絕] ①거절 ②거색 ③저절 ④저색

15. [輪作] ①논작 ②논제 ③윤작 ④윤제

16. [逸脫] ①면세 ②일탈 ③면열 ④일세

17. [樓閣] ①수객 ②수문 ③누각 ④누객

18. [盲點] ①맹점 ②망점 ③망각 ④맹묵

※ 다음 설명과 같은 뜻을 지닌 한자어는?

19. 옹기 만드는 일을 업으로 하는 사람
    ① 鬼神   ② 陶工   ③ 老翁   ④ 圖鑑

20. 밀물과 썰물 때문에 일어나는 바닷물의 흐름
    ① 利潤   ② 交涉   ③ 潮流   ④ 電池

21. 그림자가 없음
    ① 殘忍   ② 未畢   ③ 沒入   ④ 無影

22. 어떤 힘이나 조건에 굽히지 아니하고 거역하거나 버팀
    ① 抵抗   ② 遵法   ③ 懲罰   ④ 添削

23. 호주를 중심으로 하여 그 집에 속하는 사람의 신분에 관한 사항을 기록한 공문서
    ① 保險   ② 戶籍   ③ 辭典   ④ 寄稿

24. 뿌리와 줄기를 아울러 이르는 말
    ① 根幹   ② 混雜   ③ 播種   ④ 森林

※ 다음 문장 중 ( )안에 들어갈 한자어로 알맞은 것은?

25. 을사조약 체결이후 민족의 혼을 찾기 위해 ( ) 운동이 일어났다.
    ① 審議   ② 啓蒙   ③ 乾燥   ④ 疎外

26. 정부는 국민의 ( )을 수렴해서 정책을 결정한다.
    ① 輿論   ② 屈伏   ③ 兼任   ④ 厄運

27. '난형난제'란 ( )을 가릴 수 없을 정도로 서로 비슷함을 말한다.
    ① 誇張   ② 抑揚   ③ 優劣   ④ 液晶

28. 할아버지를 모시고 ( )로 나들이를 갔다.
    ① 郊外   ② 聯邦   ③ 幼稚   ④ 名譽

29. 규칙적인 스트레칭은 ( ) 예방과 회복에 도움을 준다.
    ① 履歷   ② 靈魂   ③ 禽獸   ④ 疾病

30. 호흡을 조절하여 우리 몸의 ( )과 이완을 반복한다.
    ① 規範   ② 緊張   ③ 瞬間   ④ 誘惑

다음은 [주관식] 문항입니다. 정답을 플러스 펜으로 OMR 주관식 답안 칸에 쓰세요.

※ 다음 한자의 훈음을 쓰시오.

31. 檢 (   )   32. 象 (   )

33. 戊 (   )   34. 亥 (   )

35. 猶 (   )   36. 浪 (   )

37. 段 (   )   38. 總 (   )

39. 討 (   )   40. 創 (   )

※ 다음 훈음에 맞는 한자를 쓰시오.

41. 얼굴 안 (   )   42. 목마를 갈 (   )

09 한자자격시험 준3급 연습문제

43. 이을 계 (   )　44. 늦을 만 (   )

45. 아재비 숙 (   )

※ 다음 □안에 공통으로 들어갈 한자를 <보기>에서 찾아 쓰시오.

| 보기 | 卽 | 歸 | 院 | 節 | 圓 |

46. □席　　□決　　□效　　(   )

47. 病□　　醫□　　寺□　　(   )

48. □國　　回□　　□鄕　　(   )

※ 다음 <보기>의 주어진 뜻으로 보아 □안에 공통으로 들어갈 한자를 쓰시오.

49. ① 實□　② 交□　　(   )

보기
① 사실의 경우나 형편
② 서로 사귀어 가까이 지냄

50. ① □景　② □信　　(   )

보기
① 뒤쪽의 경치
② 믿음이나 의리를 저버림

51. ① □稅　② 出□　　(   )

보기
① 세금을 냄
② 돈이나 물품을 내어 주거나 받아들임

※ 다음 한자어의 독음을 쓰시오.

52. 腸炎 (   )　53. 扶助 (   )

54. 破鏡 (   )　55. 泣請 (   )

56. 喜壽 (   )　57. 種類 (   )

58. 殺到 (   )　59. 惜別 (   )

60. 尤極 (   )　61. 新羅 (   )

62. 歲暮 (   )　63. 經營 (   )

64. 重且大 (   )　65. 甚至於 (   )

66. 於此彼 (   )

※ 다음 글을 읽고 밑줄 친 낱말이 뜻하는 한자를 <보기>에서 찾아 쓰시오.

나라의 도움이 없다고 실망하지 (67)**말라**.
　(68)**나**는 스스로 논밭을 갈아 군자금을 만들었고, 스물세 번 싸워 스물세 번 이겼다.
　윗사람이 알아주지 않는다고 (69)**원망**하지 말라.
　나는 (70)**끊임**없는 (71)**임금**의 오해와 의심으로 모든 공을 뺏긴 채 옥살이를 해야 했다.
　(72)**돈**이 없다고 절망하지 마라.
　나는 빈손으로 돌아온 전쟁터에서 열두 척의 낡은 배로 133척의 적을 막았다.
　옳지 못한 방법으로 가족을 (73)**사랑**한다 말하지 말라.
　나는 스무 살의 아들을 적의 칼날에 잃었고, 또 다른 아들들과 함께 전쟁터로 나섰다.
　-이순신 장군의 어록 중에서

보기	皇 錢 貨 絶 吾 慈 怨 惡 勿

67. (   )   68. (   )   69. (   )

70. (   )   71. (   )   72. (   )

73. (   )

※ 다음 문장 중 한자어의 독음을 쓰시오.

74. 모든 곤충은 變態의 과정을 거쳐 성장한다.
(   )

75. 맹인을 위한 特殊 교육이 이루어졌다.
(   )

76. 그는 오랜 沈默을 깨고 드디어 입을 열었다.
(   )

77. 군사들은 크게 奮發하여 전투를 승리로 이끌었다.
(   )

78. 무역 상인들은 목숨을 건 항해와 沙漠 횡단으로 큰돈을 벌었다.
(   )

79. 국회와 법원은 相互 존중과 견제의 관계이다.
(   )

80. 細菌의 번식을 막기 위해 살충제를 뿌렸다.
(   )

81. 環境오염으로 많은 생물들이 멸종 위기에 처했다.
(   )

82. 첫 번째 면접시험을 앞두고 잔뜩 緊張했다.
(   )

83. 이 문장은 책 전체의 내용을 含蓄하고 있다.
(   )

84. 글을 쓸 때는 단어를 重複해서 사용하지 않는 것이 좋다.
(   )

85. 왕정시대의 화가들은 왕의 肖像을 그리는 것을 영광으로 여겼다.
(   )

86. 미움이 사랑으로 昇華되었다.
(   )

※ 다음 문장 중 (   )안의 단어를 한자로 쓰시오.

87. 세계 (탁구) 선수권 대회가 열렸다.
(   )

88. 평일 늦은 밤의 청계천은 비교적 (한산)하다.
(   )

89. 아이들은 (피곤)한 기색도 없이 신나게 뛰어놀았다.
( )

90. 폭설로 인하여 며칠째 산장에 (고립)되었다.
( )

91. 그는 재산 (일체)를 사회에 환원하였다.
( )

92. 한적한 시골로 (거처)를 옮겼다.
( )

93. 소화액의 분비로 영양분의 (흡수)가 빨라졌다.
( )

※ 다음 문장 중 한자어의 잘못 쓰인 부분을 바르게 고쳐 쓰시오.

94. 가족들과 溫川 여행을 떠났다.
(→)

95. 신제품 홍보를 위해 설문 調事를 실시하였다.
(→)

※ 다음 〈보기〉의 한자성어에 대한 설명을 읽고 □안에 들어갈 한자를 쓰시오.

96. 得意□□ (,)

보기
'뜻을 얻어 기분이 썩 좋다.' 는 뜻

97. □然自□ (,)

보기
'태연하여 변동이 없다.' 는 뜻으로, 외부의 원인에 의해서도 전혀 아무렇지도 않은 듯이 멀쩡하다는 의미

98. 白骨□□ (,)

보기
죽어 백골이 되어서도 은혜를 잊을 수가 없음을 뜻함

99. □夫□利 (,)

보기
'어부의 이익' 이라는 뜻으로, 두 사람이 다투고 있는 사이에 엉뚱한 제 3자가 이익을 얻게 되는 경우

100. □□不及 (,)

보기
'지나친 것은 오히려 미치지 못한 것과 같다.' 는 뜻

10 한자자격시험 준3급 연습문제

- 객관식 문제의 정답은 OMR 답안지에 컴퓨터용 펜으로 바르게 표기하세요!
- 주관식 정답은 OMR 주관식 답안란에 파란색 또는 빨간색 플러스 펜으로 쓰세요.
- OMR 답안지 모형은 홈페이지에서 내려 받을 수 있습니다.

▷ 한글인터넷주소 : 한자자격시험

다음은 [객관식] 문항입니다. 정답을 컴퓨터용 펜으로 OMR 객관식 답안 칸에 바르게 표기하세요.

※ 다음 [ ]안의 한자와 음이 같은 한자는?

1. [丁] ①晴 ②爭 ③貞 ④困
2. [證] ①登 ②承 ③燈 ④曾
3. [際] ①察 ②諸 ③都 ④階
4. [只] ①枝 ②乙 ③員 ④技
5. [鐘] ①逢 ②崇 ③宗 ④童

※ 다음 [ ]안의 한자와 뜻이 상대(반대)되는 한자는?

6. [滿] ①波 ②處 ③虛 ④疲
7. [淺] ①浪 ②深 ③甚 ④錢

※ 다음 [ ]안의 한자와 뜻이 비슷한 한자는?

8. [宮] ①于 ②庚 ③園 ④院
9. [泰] ①奉 ②偉 ③尊 ④仰
10. [伐] ①軍 ②戰 ③討 ④爭

※ 다음 〈보기〉의 낱말들과 가장 관련이 깊은 한자는?

11. 보기 | 눈 코 입
    ①腸 ②顔 ③息 ④吸

12. 보기 | 청소 빗자루 싹싹
    ①災 ②制 ③掃 ④招

13. 보기 | 차표 관람권 선거
    ①賀 ②選 ③表 ④票

※ 다음 [ ]안 한자어의 독음이 바른 것을 고르시오.

14. [浪漫] ①양매 ②낭만 ③양만 ④낭매
15. [倒置] ①도치 ②도직 ③조치 ④조직
16. [綿織] ①면식 ②연식 ③면직 ④연직
17. [還穀] ①환속 ②완곡 ③완속 ④환곡
18. [播種] ①파동 ②파종 ③번동 ④번종

10. 한자자격시험 준3급 연습문제

※ 다음 설명과 같은 뜻을 지닌 한자어는?

19. 새나 비행기 따위의 오른쪽 날개
　① 右翼　② 家畜　③ 乾燥　④ 優劣

20. 조목을 세워 맺은 언약
　① 交替　② 騷音　③ 條約　④ 安寧

21. 지나치거나 모자라지도 아니하고 한쪽으로 치우치지도 아니한, 떳떳하며 변함이 없는 상태나 정도
　① 中庸　② 威脅　③ 逸脫　④ 裁判

22. 옳지 아니한 일을 하거나 죄를 지은 데 대하여 벌을 줌
　① 提案　② 懲罰　③ 縱橫　④ 臺本

23. 나란히 늘어놓음
　① 祿俸　② 媒體　③ 滄海　④ 竝列

24. 맞서 싸움
　① 推薦　② 飜案　③ 抗爭　④ 厄運

※ 다음 문장 중 ( )안에 들어갈 한자어로 알맞은 것은?

25. 친구 사이에는 무엇보다도 ( )가 가장 중요하다.
　① 信賴　② 隨筆　③ 缺陷　④ 要塞

26. 우리는 ( )의 피를 이어받은 한 겨레이다.
　① 講演　② 檀君　③ 腦死　④ 暫時

27. 그녀의 ( )는 어머니를 닮아 매우 아름다웠다.
　① 地獄　② 哲學　③ 美貌　④ 機構

28. 미켈란젤로의 작품은 시대를 ( )하여 많은 사람의 사랑을 받았다.
　① 超越　② 對照　③ 脈絡　④ 被害

29. ( )은 고래도 춤추게 한다.
　① 忽然　② 妥當　③ 稱讚　④ 反映

30. ( )이 길어지자, 조직 내의 화합을 위한 방법이 모색되었다.
　① 官廳　② 傾向　③ 莊園　④ 分裂

다음은 [주관식] 문항입니다. 정답을 플러스 펜으로 OMR 주관식 답안 칸에 쓰세요.

※ 다음 한자의 훈음을 쓰시오.

31. 議 (　　　)　　32. 具 (　　　)

33. 操 (　　　)　　34. 墓 (　　　)

35. 準 (　　　)　　36. 嚴 (　　　)

37. 勤 (　　　)　　38. 悟 (　　　)

39. 威 (　　　)　　40. 件 (　　　)

※ 다음 훈음에 맞는 한자를 쓰시오.

41. 베풀 시 (　　　)　　42. 잔 배 (　　　)

43. 끊을 단 (   )　　44. 다리 각 (   )

45. 맑을 숙 (   )

※ 다음 □안에 공통으로 들어갈 한자를 <보기>에서 찾아 쓰시오.

보기	配　規　建　安　健

46. □匹　　交□　　□給　　(   )

47. 保□　　□兒　　□全　　(   )

48. □律　　□則　　法□　　(   )

※ 다음 <보기>의 주어진 뜻으로 보아 □안에 공통으로 들어갈 한자를 쓰시오.

49. ① □備　　② □立　　(   )

보기
① 필요한 것을 베풀어서 갖춤
② 기관이나 조직체 따위를 만들어 일으킴

50. ① □用　　② 假□　　(   )

보기
① 돈이나 물건 따위를 빌려서 씀
② 정하지 않고 잠시만 빌리는 것

51. ① □域　　② □間　　(   )

보기
① 갈라놓은 지역
② 어떤 지점과 다른 지점과의 사이

※ 다음 한자어의 독음을 쓰시오.

52. 追憶 (   )　　53. 我執 (   )

54. 怨恨 (   )　　55. 柳花 (   )

56. 努力 (   )　　57. 歡迎 (   )

58. 中堅 (   )　　59. 鷄卵 (   )

60. 霜降 (   )　　61. 煉炭 (   )

62. 絶斷 (   )　　63. 驚異 (   )

64. 歸順 (   )　　65. 壯談 (   )

66. 煙氣 (   )

※ 다음 글을 읽고 밑줄 친 낱말이 뜻하는 한자를 <보기>에서 찾아 쓰시오.

(67)**예**로부터 우리나라는 붉은색, 푸른색, 노란색, 흰색, 백색의 다섯 가지 색을 대표로 꼽고 이를 전통 오색이라고 불렀다.
　오색은 각각 문화적인 상징성을 (68)**가진다**. 푸른색은 '만물의 생성'을 뜻하며, 젊음과 희망을 상징한다. (69)**붉은색**은 열정과 (70)**목숨**을 상징하며, 모든 만물을 포용하고 있는 대지의 색인 황색은 조화를 상징한다. (71)**흰색**은 순수함을 나타내는 색이기 때문에 (72)**깨끗함**과 명확함을 상징한다. 마지막으로 검은색은 (73)**검소함**과 신비로움을 나타내기도 한다.

보기	檢　紅　淨　持　惜　素　儉　昔　壽

67. (   )　　68. (   )　　69. (   )

10 한자자격시험 준3급 연습문제

70. (   )   71. (   )   72. (   )

73. (   )

※ 다음 문장 중 한자어의 독음을 쓰시오.

74. 웅변학원에서 말더듬이 矯正을 받았다.
(   )

75. 그의 이론은 似而非임이 드러나고 말았다.
(   )

76. 지도를 통해 교통狀況을 알 수 있는 서비스가 실시되었다.
(   )

77. 합성洗劑의 사용을 줄이기 위한 방안이 제시되었다.
(   )

78. 乾電池가 다 소모되어 시계가 멎었다.
(   )

79. 대학교 입학을 위해 關聯서류를 준비했다.
(   )

80. 根據없는 주장은 설득력이 없다.
(   )

81. 일주일간의 旅程을 마치고 집으로 돌아왔다.
(   )

82. 전 직원의 賃金이 인상되었다.
(   )

83. 도시는 시골보다 산업이 일찍 隆盛하였다.
(   )

84. 고구려 古墳벽화에는 무덤의 수호신이 그려져 있다.
(   )

85. 이 영화는 주인공이 바닷가에 앉아 絕叫하는 장면으로 끝을 맺었다.
(   )

86. 귀경인파로 대합실은 매우 混雜했다.
(   )

※ 다음 문장 중 (   )안의 단어를 한자로 쓰시오.

87. 시 속에 (내포)된 의미를 찾아보기로 했다.
(   )

88. 그녀의 눈가에는 (수심)이 가득 어려 있었다.
(   )

89. 고대에는 (제왕)의 권력이 클수록 그 무덤은 크고 화려하게 만들었다.
(   )

90. 이번 지진은 (위력)이 대단했다.
(   )

91. 대관령에 있는 양떼(목장)에 다녀왔다.
(　　　　　　　)

92. 이 영화는 실존인물의 (증언)을 토대로 제작되었다.
(　　　　　　　)

93. (혹시) 그 사람을 만나면 안부를 전해다오.
(　　　　　　　)

※ 다음 문장 중 한자어의 잘못 쓰인 부분을 바르게 고쳐 쓰시오.

94. 구름 한 점 없는 快淸한 날씨가 계속되었다.
(　　　→　　　)

95. 요즈음 付業을 갖는 사람이 늘고 있다.
(　　　→　　　)

※ 다음 〈보기〉의 한자성어에 대한 설명을 읽고 □안에 들어갈 한자를 쓰시오.

96. 識字□□　　　(　　,　　)

보기
'글자를 안다는 것이 오히려 근심거리가 됨'을 뜻하는 말로, 학식이 있는 것이 오히려 근심을 사게 됨을 뜻함

97. □門一□　　　(　　,　　)

보기
'정수리에 하나의 침을 놓는다.'는 뜻으로, 따끔한 한 마디의 충고를 뜻함

98. 千□一□　　　(　　,　　)

보기
'천권의 책이 하나의 내용과 형식으로 이루어져 있다.'는 뜻으로, 모든 것이 획일적이어서 변화나 다양함이 없음

99. 大□□成　　　(　　,　　)

보기
'큰 그릇은 늦게 이루어진다.'는 뜻으로, 나이가 들어서 성공함을 의미함

100. □上空□　　　(　　,　　)

보기
실제적인 이용 가치도 없는 것을 둘러 앉아 의논한다는 뜻

정답

01회 연습문제 정답

[객관식]

1. ③ 2. ② 3. ③ 4. ① 5. ②
6. ③ 7. ② 8. ① 9. ② 10. ④
11. ① 12. ③ 13. ④ 14. ① 15. ④
16. ② 17. ① 18. ② 19. ④ 20. ②
21. ③ 22. ① 23. ③ 24. ④ 25. ②
26. ① 27. ③ 28. ④ 29. ① 30. ②

[주관식]

31. 생각 억 32. 짝 배 33. 한할 한 34. 버드나무 류
35. 나 아 36. 갤 청 37. 임금 제 38. 놀랄 경
39. 칠 목 40. 맞을 영 41. 設 42. 規
43. 借 44. 又 45. 副 46. 掃
47. 墓 48. 脚 49. 操 50. 具
51. 點 52. 상근 53. 초대 54. 엄벌
55. 양계 56. 개오 57. 항구 58. 쾌재
59. 투표 60. 금단 61. 용안 62. 우선
63. 편람 64. 혼혈 65. 증손 66. 과유불급
67. 深 68. 接 69. 受 70. 推
71. 幼 72. 酒 73. 班 74. 역할
75. 은유법 76. 자본 77. 조직 78. 교체
79. 동맹 80. 가축 81. 미분 82. 비교
83. 총명 84. 창공 85. 고사 86. 멸망
87. 會議 88. 物件 89. 淑女 90. 此後
91. 泰(太)平 92. 朋友有信 93. 莫重 94. 拜 → 杯
95. 章 → 狀 96. 鐵, 皮 97. 枝, 葉 98. 無, 敵
99. 近, 墨 100. 難, 難

02회 연습문제 정답

[객관식]

1. ② 2. ① 3. ③ 4. ② 5. ④
6. ③ 7. ④ 8. ① 9. ② 10. ①
11. ④ 12. ② 13. ④ 14. ② 15. ①
16. ③ 17. ② 18. ④ 19. ③ 20. ①
21. ② 22. ④ 23. ② 24. ④ 25. ③
26. ① 27. ③ 28. ① 29. ④ 30. ②

[주관식]

31. 등 배 32. 심할 심 33. 살 거 34. 들일 납
35. 사이 제 36. 원망할 원 37. 죽일 살 38. 어조사 어
39. 더욱 우 40. 몇 기 41. 扶 42. 且
43. 類 44. 營 45. 壽 46. 從
47. 檢 48. 球 49. 浪 50. 總
51. 段 52. 비행 53. 무술 54. 소박
55. 우수 56. 갈망 57. 계승 58. 유일
59. 식재 60. 암석 61. 여등 62. 약국
63. 만학 64. 해년 65. 부득이 66. 오비삼척
67. 留 68. 域 69. 暖 70. 吹
71. 降 72. 乾 73. 及 74. 심의
75. 관용 76. 미필 77. 폐사 78. 사찰
79. 휘호 80. 홀연 81. 고취 82. 추천
83. 각오 84. 서술 85. 명사 86. 담보
87. 觀覽 88. 罰則 89. 現象 90. 豊年
91. 討論 92. 紅一點 93. 叔母 94. 近 → 勤
95. 窓 → 創 96. 難, 防 97. 破, 竹 98. 必, 歸
99. 投, 石 100. 內, 憂

03회 연습문제 정답

[객관식]

1. ① 2. ② 3. ① 4. ④ 5. ③
6. ② 7. ④ 8. ③ 9. ① 10. ④
11. ① 12. ③ 13. ④ 14. ① 15. ③
16. ④ 17. ② 18. ① 19. ① 20. ①
21. ① 22. ② 23. ① 24. ③ 25. ①
26. ④ 27. ② 28. ① 29. ④ 30. ③

[주관식]

31. 가슴 흉 32. 범 호 33. 하례할 하 34. 땅 곤
35. 닫을 폐 36. 권할 권 37. 층 층 38. 어려울 난
39. 잡을 집 40. 머무를 류 41. 準 42. 欲
43. 制 44. 慈 45. 轉 46. 局
47. 舞 48. 祕 49. 彼 50. 災
51. 虛 52. 창성 53. 과감 54. 장정
55. 유추 56. 근검 57. 통쾌 58. 화씨
59. 정절 60. 계율 61. 추앙 62. 낭군
63. 숭상 64. 우주선 65. 여의도 66. 오합지졸
67. 州 68. 莫 69. 又 70. 栽
71. 犯 72. 異 73. 深 74. 악취
75. 공급 76. 영하 77. 구속 78. 정리
79. 긍정 80. 의문문 81. 냉각 82. 답사
83. 둔각 84. 명예 85. 축척 86. 보험
87. 旣婚 88. 美術 89. 公私多忙 90. 平凡
91. 柔順 92. 團員 93. 約束 94. 種→宗
95. 給→級 96. 背, 恩 97. 多, 難 98. 易, 地
99. 我, 田 100. 敬, 而

04회 연습문제 정답

[객관식]

1. ③ 2. ② 3. ④ 4. ③ 5. ④
6. ② 7. ① 8. ② 9. ④ 10. ①
11. ③ 12. ① 13. ② 14. ② 15. ④
16. ① 17. ③ 18. ② 19. ③ 20. ④
21. ① 22. ② 23. ① 24. ④ 25. ①
26. ④ 27. ④ 28. ① 29. ① 30. ②

[주관식]

31. 편안할 강 32. 평상 상 33. 따뜻할 난 34. 노래 요
35. 지경 경 36. 인원 원 37. 인도할 도 38. 젖 유
39. 곡식 곡 40. 모두 제 41. 逢 42. 盡
43. 社 44. 紅 45. 暑 46. 壇
47. 傷 48. 費 49. 鐘 50. 監
51. 易 52. 묘역 53. 손익 54. 와해
55. 격식 56. 유세 57. 숭배 58. 등정
59. 음계 60. 지엽 61. 무성 62. 피혁
63. 범죄 64. 군락 65. 환영 66. 인지상정
67. 掃 68. 胸 69. 亦 70. 憂
71. 從 72. 欲 73. 留 74. 허락
75. 홍익인간 76. 막 77. 공란 78. 위조
79. 태양력 80. 소음 81. 희소 82. 보호
83. 관청 84. 비율 85. 지옥 86. 굴복
87. 弔旗 88. 略圖 89. 試驗 90. 麥酒
91. 野菜 92. 中央 93. 投票 94. 低→著
95. 推→追 96. 此, 彼 97. 日, 就 98. 殺, 身
99. 莫, 莫 100. 識, 丁

05회 연습문제 정답

[객관식]

1. ③ 2. ① 3. ④ 4. ② 5. ③
6. ③ 7. ① 8. ③ 9. ② 10. ①
11. ② 12. ① 13. ④ 14. ③ 15. ①
16. ④ 17. ① 18. ③ 19. ② 20. ④
21. ① 22. ③ 23. ① 24. ④ 25. ③
26. ④ 27. ③ 28. ① 29. ② 30. ①

[주관식]

31. 엎드릴 복 32. 베낄 사 33. 말 물 34. 참을 인
35. 아내 처 36. 베풀 시 37. 이슬 로 38. 근원 원
39. 몇 기 40. 어릴 유 41. 窮 42. 專
43. 潔 44. 宙 45. 降 46. 射
47. 堅 48. 乘 49. 庫 50. 革
51. 墨 52. 기와 53. 적극 54. 납량
55. 지략 56. 초상 57. 무기 58. 애석
59. 운위 60. 채집 61. 축시 62. 강철
63. 광주 64. 유림 65. 수연 66. 동정
67. 歸 68. 誰 69. 悟 70. 尙
71. 就 72. 盡 73. 尤 74. 경각
75. 위협 76. 잠시 77. 모순 78. 첨단
79. 지혜 80. 백미 81. 취기 82. 포화
83. 관혼상제 84. 홍수 85. 석탑 86. 정서
87. 古宮 88. 疲勞 89. 皇帝 90. 亦是
91. 勤勉 92. 國寶 93. 但只 94. 員→圓
95. 波→破 96. 指, 呼 97. 類, 類 98. 烏, 合
99. 鷄, 卵 100. 加, 霜

06회 연습문제 정답

[객관식]

1. ③ 2. ② 3. ④ 4. ① 5. ②
6. ③ 7. ④ 8. ① 9. ③ 10. ④
11. ① 12. ② 13. ② 14. ④ 15. ①
16. ④ 17. ① 18. ② 19. ③ 20. ①
21. ④ 22. ② 23. ③ 24. ② 25. ④
26. ① 27. ② 28. ① 29. ④ 30. ②

[주관식]

31. 누울 와 32. 둥글 원 33. 비록 수 34. 정수리 정
35. 쏠 사 36. 지혜 지 37. 서늘할 량 38. 쌓을 적
39. 다만 단 40. 선비 유 41. 庫 42. 採
43. 鋼 44. 破 45. 革 46. 露
47. 床 48. 窮 49. 施 50. 免
51. 降 52. 사진 53. 이직 54. 기망
55. 철판 56. 취타 57. 배필 58. 강인
59. 흡연 60. 수하 61. 우주 62. 기후
63. 청결 64. 처제 65. 급기야 66. 왈가왈부
67. 迎 68. 悅 69. 哀 70. 怨
71. 深 72. 傷 73. 靜 74. 귀신
75. 기생 76. 이양선 77. 백부 78. 매화
79. 빈부 80. 대장경 81. 경향 82. 모의
83. 광물 84. 개념 85. 액자 86. 삼강
87. 幼兒 88. 賢明 89. 洗淨 90. 專攻
91. 部隊 92. 孤獨 93. 勿論 94. 原→源
95. 檢→儉 96. 解, 之 97. 大, 驚 98. 長, 壽
99. 兩, 斷 100. 迎, 新

07회 연습문제 정답

[객관식]

1. ①　2. ③　3. ④　4. ②　5. ③
6. ③　7. ②　8. ③　9. ④　10. ①
11. ②　12. ①　13. ④　14. ①　15. ②
16. ④　17. ③　18. ①　19. ①　20. ①
21. ③　22. ④　23. ①　24. ②　25. ④
26. ②　27. ③　28. ①　29. ③　30. ②

[주관식]

31. 판 국　32. 감히 감　33. 둥글 단　34. 말이을 이
35. 마루 종　36. 곧을 정　37. 창성할 창　38. 경계할 계
39. 밀 추　40. 바쁠 망　41. 彼　42. 郞
43. 虛　44. 儉　45. 華　46. 錄
47. 眠　48. 卷　49. 境　50. 逢
51. 社　52. 곡간　53. 지도　54. 수요
55. 희열　56. 지양　57. 제도　58. 한서
59. 임무　60. 맥주　61. 난방　62. 강건
63. 총원　64. 엽전　65. 극진　66. 후덕
67. 柔　68. 飛　69. 覽　70. 憶
71. 卵　72. 點　73. 孤　74. 빙장
75. 청동기　76. 제안　77. 개항　78. 농도
79. 유치　80. 부록　81. 희소　82. 이윤
83. 선포　84. 편견　85. 측우기　86. 기소
87. 牛乳　88. 只今　89. 童謠　90. 成就
91. 班長　92. 休息　93. 玉篇　94. 河→何
95. 形→刑　96. 暮, 改　97. 進, 退　98. 吾, 鼻
99. 絕, 世　100. 常, 情

08회 연습문제 정답

[객관식]

1. ②　2. ③　3. ①　4. ④　5. ③
6. ②　7. ③　8. ②　9. ③　10. ④
11. ①　12. ②　13. ①　14. ③　15. ④
16. ①　17. ④　18. ②　19. ③　20. ③
21. ④　22. ④　23. ②　24. ①　25. ②
26. ③　27. ④　28. ②　29. ④　30. ①

[주관식]

31. 기쁠 환　32. 이를 운　33. 던질 투　34. 상할 상
35. 간략할 략　36. 놀 유　37. 제단 단　38. 쫓을 추
39. 빌릴 차　40. 높일 숭　41. 瓦　42. 枝
43. 著　44. 損　45. 茂　46. 浮
47. 豆　48. 留　49. 炎　50. 秀
51. 倍　52. 양보　53. 권면　54. 자애
55. 준비　56. 경계　57. 천학　58. 층계
59. 음미　60. 건곤　61. 비명　62. 원한
63. 거개　64. 금석　65. 흉상　66. 호피
67. 莫　68. 虛　69. 抱　70. 暮
71. 乾　72. 息　73. 華　74. 확신
75. 부속　76. 선회　77. 상징　78. 맹수
79. 무역　80. 뇌사　81. 준법　82. 진동
83. 억양　84. 호란　85. 조령　86. 벽화
87. 制度　88. 欲(慾)心　89. 閉校　90. 難解
91. 水深　92. 檢査　93. 賀客　94. 集→執
95. 傳→轉　96. 他, 山　97. 寸, 鐵　98. 種, 得
99. 苦, 盡　100. 犬, 馬

정답

09회 연습문제 정답

[객관식]

1. ④ 2. ② 3. ③ 4. ④ 5. ①
6. ② 7. ③ 8. ① 9. ③ 10. ④
11. ③ 12. ① 13. ④ 14. ① 15. ③
16. ② 17. ③ 18. ① 19. ② 20. ③
21. ④ 22. ① 23. ② 24. ① 25. ②
26. ① 27. ③ 28. ① 29. ④ 30. ②

[주관식]

31. 검사할 검 32. 코끼리 상 33. 천간 무 34. 돼지 해
35. 같을 유 36. 물결 랑 37. 층계 단 38. 모두 총
39. 칠 토 40. 비롯할 창 41. 顔 42. 渴
43. 繼 44. 晚 45. 叔 46. 卽
47. 院 48. 歸 49. 際 50. 背
51. 納 52. 장염 53. 부조 54. 파경
55. 읍청 56. 희수 57. 종류 58. 쇄도
59. 석별 60. 우극 61. 신라 62. 세모
63. 경영 64. 중차대 65. 심지어 66. 어차피
67. 勿 68. 吾 69. 怨 70. 絶
71. 皇 72. 錢 73. 慈 74. 변태
75. 특수 76. 침묵 77. 분발 78. 사막
79. 상호 80. 세균 81. 환경 82. 긴장
83. 함축 84. 중복 85. 초상 86. 승화
87. 卓球 88. 閑散 89. 疲困 90. 孤立
91. 一切 92. 居處 93. 吸收 94. 川 → 泉
95. 事 → 查 96. 揚, 揚 97. 泰, 若 98. 難, 忘
99. 漁, 之 100. 過, 猶

10회 연습문제 정답

[객관식]

1. ③ 2. ④ 3. ② 4. ① 5. ③
6. ③ 7. ② 8. ④ 9. ② 10. ③
11. ② 12. ③ 13. ④ 14. ② 15. ①
16. ③ 17. ④ 18. ② 19. ① 20. ③
21. ④ 22. ② 23. ④ 24. ③ 25. ①
26. ② 27. ③ 28. ① 29. ③ 30. ④

[주관식]

31. 의논할 의 32. 갖출 구 33. 잡을 조 34. 무덤 묘
35. 법도 준 36. 엄할 엄 37. 부지런할 근 38. 깨달을 오
39. 위엄 위 40. 사건 건 41. 施 42. 杯
43. 斷 44. 脚 45. 淑 46. 配
47. 健 48. 規 49. 設 50. 借
51. 區 52. 추억 53. 아집 54. 원한
55. 유화 56. 노력 57. 환영 58. 중견
59. 계란 60. 상강 61. 연탄 62. 절단
63. 경이 64. 귀순 65. 장담 66. 연기
67. 昔 68. 持 69. 紅 70. 壽
71. 素 72. 淨 73. 儉 74. 교정
75. 사이비 76. 상황 77. 세제 78. 건전지
79. 관련 80. 근거 81. 여정 82. 임금
83. 융성 84. 고분 85. 절규 86. 혼잡
87. 內包 88. 愁心 89. 帝王 90. 威力
91. 牧場 92. 證言 93. 或是 94. 淸 → 晴
95. 付 → 副 96. 憂, 患 97. 頂, 針(鍼) 98. 篇, 律
99. 器, 晩 100. 卓, 論

준3급 선정한자 색인

脚	다리	각	28
渴	목마를	갈	28
敢	감히	감	58
監	볼	감	88
鋼	강철	강	28
降	내릴	강	28
康	편안할	강	88
皆	다	개	28
居	살	거	88
健	건강할	건	28
件	사건	건	88
檢	검사할	검	28
儉	검소할	검	88
格	격식	격	88
堅	굳을	견	28
潔	깨끗할	결	29
鏡	거울	경	148
警	경계할	경	88
驚	놀랄	경	148
境	지경	경	29
戒	경계할	계	118
鷄	닭	계	29
階	섬돌	계	118
繼	이을	계	118
庫	곳집	고	29
孤	외로울	고	88
穀	곡식	곡	118
困	곤할	곤	118
坤	땅	곤	29
具	갖출	구	118
球	공	구	148
區	나눌	구	89
局	판	국	118
群	무리	군	29
窮	다할	궁	148

宮	집	궁	118
勸	권할	권	89
卷	책	권	58
歸	돌아갈	귀	89
規	법	규	89
勤	부지런할	근	89
級	등급	급	29
器	그릇	기	119
旗	기	기	119
幾	몇	기	148
旣	이미	기	58
暖	따뜻할	난	29
難	어려울	난	30
納	들일	납	89
努	힘쓸	노	119
斷	끊을	단	30
但	다만	단	148
團	둥글	단	89
壇	제단	단	119
段	층계	단	30
隊	무리	대	89
導	인도할	도	58
豆	콩	두	30
羅	벌일	라	119
卵	알	란	148
覽	볼	람	90
浪	물결	랑	30
郞	사내	랑	119
略	간략할	략	58
凉	서늘할	량	148
露	이슬	로	149
錄	기록할	록	58
留	머무를	류	90
類	무리	류	90
柳	버들	류	149

莫	없을	막	58
晚	늦을	만	58
忙	바쁠	망	149
麥	보리	맥	30
免	면할	면	90
眠	잠잘	면	149
勉	힘쓸	면	59
鳴	울	명	59
暮	저물	모	149
牧	칠	목	119
墓	무덤	묘	119
茂	무성할	무	149
戊	천간	무	30
舞	춤출	무	120
墨	먹	묵	59
勿	말	물	59
班	나눌	반	90
倍	갑절	배	90
背	등	배	90
杯	잔	배	149
配	짝	배	90
罰	벌할	벌	91
凡	무릇	범	59
犯	범할	범	91
寶	보배	보	120
伏	엎드릴	복	120
逢	만날	봉	91
扶	도울	부	59
浮	뜰	부	30
副	버금	부	59
朋	벗	붕	59
飛	날	비	60
祕	숨길	비	60
費	쓸	비	149
社	모일	사	91

준3급 선정한자 색인

寫	베낄	사	60	顔	얼굴	안	151	圓	둥글	원	32
射	쏠	사	31	巖	바위	암	31	怨	원망할	원	121
査	조사할	사	120	央	가운데	앙	151	員	인원	원	93
殺	죽일	살	150	仰	우러를	앙	120	院	집	원	152
狀	모양	상	60	哀	슬플	애	61	威	위엄	위	93
傷	상할	상	91	也	어조사	야	61	猶	같을	유	63
霜	서리	상	31	揚	날릴	양	92	遊	놀	유	121
尙	오히려	상	60	讓	사양할	양	92	柔	부드러울	유	93
喪	초상	상	91	於	어조사	어	61	儒	선비	유	121
象	코끼리	상	60	憶	생각할	억	61	幼	어릴	유	152
床	평상	상	150	嚴	엄할	엄	92	唯	오직	유	63
暑	더울	서	150	余	나	여	121	乳	젖	유	152
惜	아낄	석	150	汝	너	여	121	吟	읊을	음	63
昔	옛	석	120	亦	또	역	62	泣	울	읍	152
設	베풀	설	91	域	지경	역	31	矣	어조사	의	63
掃	쓸	소	150	煙	연기	연	31	議	의논할	의	63
素	흴	소	150	悅	기쁠	열	62	而	말이을	이	93
束	묶을	속	91	炎	불꽃	염	32	易	쉬울	이	121
損	덜	손	92	營	경영할	영	32	已	이미	이	63
愁	근심	수	150	迎	맞이할	영	92	仁	어질	인	93
誰	누구	수	60	烏	까마귀	오	151	忍	참을	인	93
須	모름지기	수	60	悟	깨달을	오	62	任	맡길	임	93
壽	목숨	수	120	吾	나	오	62	慈	사랑	자	152
雖	비록	수	31	瓦	기와	와	121	壯	씩씩할	장	152
秀	빼어날	수	61	臥	누울	와	151	腸	창자	장	32
淑	맑을	숙	92	曰	가로	왈	62	栽	심을	재	121
叔	아재비	숙	150	謠	노래	요	62	哉	어조사	재	64
術	재주	술	61	欲	하고자할	욕	92	災	재앙	재	122
崇	높일	숭	120	憂	근심	우	151	著	나타날	저	93
乘	탈	승	151	尤	더욱	우	62	積	쌓을	적	122
施	베풀	시	31	又	또	우	62	轉	구를	전	122
息	숨쉴	식	151	于	어조사	우	63	錢	돈	전	94
深	깊을	심	31	宇	집	우	151	專	오로지	전	64
甚	심할	심	61	云	이를	운	63	切	끊을	절	32
我	나	아	61	源	근원	원	92	絶	끊을	절	152

點	점	점	32
靜	고요할	정	152
貞	곧을	정	94
淨	깨끗할	정	153
丁	장정	정	32
頂	정수리	정	94
制	마를	제	94
諸	모든	제	32
際	사이	제	122
帝	임금	제	122
操	잡을	조	153
宗	마루	종	122
鐘	쇠북	종	122
從	좇을	종	94
州	고을	주	94
酒	술	주	153
宙	집	주	122
準	법도	준	94
卽	곧	즉	64
曾	일찍	증	123
證	증거	증	33
枝	가지	지	123
之	갈	지	64
只	다만	지	64
智	지혜	지	153
職	벼슬	직	123
盡	다할	진	64
執	잡을	집	123
且	또	차	33
借	빌릴	차	33
此	이	차	64
創	비롯할	창	123
昌	창성할	창	123
菜	나물	채	153
採	캘	채	153

妻	아내	처	153
尺	자	척	123
泉	샘	천	153
淺	얕을	천	33
晴	갤	청	94
招	부를	초	154
總	거느릴	총	123
推	밀	추	64
追	쫓을	추	124
丑	소	축	33
就	나아갈	취	124
吹	불	취	65
層	층	층	154
卓	높을	탁	33
炭	숯	탄	33
泰	클	태	33
討	칠	토	124
痛	아플	통	34
投	던질	투	124
破	깨뜨릴	파	34
板	널빤지	판	34
篇	책	편	65
閉	닫을	폐	124
包	쌀	포	154
抱	안을	포	124
票	표	표	34
豊	풍년	풍	34
皮	가죽	피	154
彼	저	피	34
疲	피곤할	피	154
匹	짝	필	124
何	어찌	하	34
賀	하례할	하	124
閑	한가할	한	154
恨	한할	한	154

恒	항상	항	125
亥	돼지	해	34
虛	빌	허	35
驗	시험	험	95
革	가죽	혁	125
賢	어질	현	125
刑	형벌	형	95
虎	범	호	35
乎	어조사	호	65
或	혹	혹	65
混	섞을	혼	95
紅	붉을	홍	154
華	빛날	화	155
歡	기쁠	환	155
皇	임금	황	125
候	기후	후	95
厚	두터울	후	155
胸	가슴	흉	35
吸	숨 들이쉴	흡	35
喜	기쁠	희	155

준3급 교과서한자어 색인

가축	家畜	36	광물	鑛物	37	단발령	斷髮令	128
각오	覺悟	156	교묘	巧妙	158	담보	擔保	99
간단	簡單	66	교섭	交涉	97	답사	踏査	128
감탄문	感歎文	66	교외	郊外	37	대본	臺本	68
강연	講演	156	교정	矯正	97	대웅전	大雄殿	129
개념	槪念	36	교체	交替	97	대장경	大藏經	129
개항	開港	126	교환	交換	97	대조	對照	68
거리	距離	36	구속	拘束	97	도감	圖鑑	129
거절	拒絕	66	굴복	屈伏	127	도공	陶工	129
건전지	乾電池	36	궁궐	宮闕	127	도치	倒置	68
건조	乾燥	36	귀신	鬼神	67	동맹	同盟	129
격려	激勵	156	규방	閨房	127	동사	凍死	39
결함	缺陷	156	규범	規範	98	둔각	鈍角	39
겸임	兼任	96	근간	根幹	127	막	幕	69
경각	頃刻	156	근거	根據	37	매체	媒體	99
경향	傾向	66	금수	禽獸	158	매화	梅花	69
경화	硬化	37	금융	金融	98	맥락	脈絡	69
계	契	126	긍정	肯定	67	맹수	猛獸	39
계몽	啓蒙	126	기고	寄稿	67	맹점	盲點	39
고분	古墳	126	기구	機構	98	면직	綿織	99
고사	枯死	37	기생	寄生	38	멸망	滅亡	130
고취	鼓吹	66	기소	起訴	98	명사	名詞	69
공급	供給	96	기압	氣壓	38	명예	名譽	99
공란	空欄	126	긴장	緊張	98	모방	模倣	69
공손	恭遜	157	낭만주의	浪漫主義	68	모순	矛盾	40
공헌	貢獻	157	내빈	來賓	99	모의	謀議	70
과장	誇張	67	내성	耐性	38	몰입	沒入	158
과점	寡占	96	냉각	冷却	38	무역	貿易	100
과태료	過怠料	96	냉담	冷淡	68	무영	無影	70
관련	關聯	67	노옹	老翁	158	미모	美貌	158
관습	慣習	96	녹봉	祿俸	128	미분	微分	40
관용	寬容	157	농도	濃度	38	미필	未畢	100
관철	貫徹	157	뇌사	腦死	39	박물관	博物館	130
관청	官廳	127	누각	樓閣	128	반영	反映	70
관혼상제	冠婚喪祭	157	단군	檀君	128	백미	白眉	70

백부	伯父	130	생활권	生活圈	101	완화	緩和	160
번안	翻案	70	서술	敍述	73	요새	要塞	133
벽화	壁畫	130	서행	徐行	101	용암	鎔巖	43
변태	變態	40	석순	石筍	41	우열	優劣	43
병렬	竝列	40	석탑	石塔	132	우익	右翼	133
보상	補償	100	선택	選擇	159	위도	緯度	133
보편	普遍	159	선포	宣布	101	위로	慰勞	160
보험	保險	100	선회	旋回	102	위원	委員	103
보호	保護	40	세균	細菌	41	위조	僞造	103
복지	福祉	159	세제	洗劑	42	위협	威脅	103
봉건	封建	130	세포	細胞	42	유적	遺蹟	133
부록	附錄	71	소외	疎外	159	유치	幼稚	160
부속	附屬	131	소위	所謂	73	유혹	誘惑	161
분발	奮發	131	소음	騷音	42	윤작	輪作	133
분열	分裂	41	수요	需要	102	융성	隆盛	134
비교	比較	71	수필	隨筆	73	은유법	隱喩法	74
비명	碑銘	71	순간	瞬間	159	음운	音韻	75
비속어	卑俗語	71	습도	濕度	42	의문문	疑問文	75
비율	比率	41	승화	昇華	42	이력	履歷	161
비평	批評	71	신뢰	信賴	102	이면	裏面	75
빈부격차	貧富隔差	100	신중	愼重	160	이양선	異樣船	134
빙장	聘丈	72	심의	審議	73	이윤	利潤	103
사당	祠堂	131	악취	惡臭	43	익명	匿名	161
사막	沙漠	131	안녕	安寧	102	일탈	逸脫	161
사이비	似而非	101	액운	厄運	132	임금	賃金	104
사전	辭典	72	액자소설	額子小說	73	자본	資本	104
사찰	寺刹	131	액정	液晶	43	자외선	紫外線	44
사항	事項	72	억양	抑揚	74	잔인	殘忍	161
사화	士禍	132	여론	輿論	102	잠수	潛水	162
산악	山岳	132	여정	旅程	74	잠시	暫時	162
삼강	三綱	132	역할	役割	74	장신구	裝身具	134
삼림	森林	41	연방	聯邦	160	장원	莊園	134
상징	象徵	72	영하	零下	43	재판	裁判	104
상호	相互	101	영혼	靈魂	74	저항	抵抗	75
상황	狀況	72	예산	豫算	103	절규	絕叫	162

준3급 교과서한자어 색인

점층법	漸層法	75	첨삭	添削	76	해몽	解夢	77
정당	政黨	104	청동기	靑銅器	136	핵	核	47
정리	整理	76	청백리	淸白吏	164	향유	享有	166
정부	政府	104	초상	肖像	77	허락	許諾	166
정서	情緖	76	초월	超越	136	헌법	憲法	107
정책	政策	105	총명	聰明	164	혈연	血緣	166
제안	提案	76	추천	推薦	77	형설	螢雪	167
조령	鳥嶺	134	축척	縮尺	136	호란	胡亂	137
조류	潮流	135	충돌	衝突	106	호적	戶籍	137
조약	條約	135	취기	醉氣	164	혼잡	混雜	167
조직	組織	44	취미	趣味	164	혼탁	混濁	107
족보	族譜	135	측우기	測雨器	136	홀연	忽然	167
종묘	宗廟	135	친척	親戚	137	홍수	洪水	47
종횡	縱橫	135	침묵	沈默	164	홍익인간	弘益人間	167
좌표	座標	44	칭찬	稱讚	165	화적	火賊	137
주말	週末	162	타당	妥當	165	화촉	華燭	167
주식	株式	105	탄성	彈性	45	확대	擴大	47
준법	遵法	105	탐욕	貪慾	165	확신	確信	167
중복	重複	44	태양력	太陽曆	46	환경	環境	47
중용	中庸	162	토로	吐露	165	환곡	還穀	137
증권	證券	105	토양	土壤	46	획득	獲得	107
증산	蒸散	44	투기	投機	106	휘호	揮毫	77
증오	憎惡	163	투쟁	鬪爭	165	희곡	戲曲	77
지옥	地獄	163	특수	特殊	106	희롱	戲弄	107
지혜	智慧	163	파종	播種	46	희소	稀少	107
지휘	指揮	163	편견	偏見	166			
직유법	直喩法	76	폐사	斃社	106			
진동	振動	45	폐활량	肺活量	46			
질병	疾病	45	포물선	拋物線	46			
징벌	懲罰	105	포화	飽和	47			
창공	蒼空	45	피뢰침	避雷針	47			
창해	滄海	136	피해	被害	107			
채무	債務	106	학파	學派	166			
철학	哲學	163	함축	含蓄	77			
첨단	尖端	45	항쟁	抗爭	137			

한자자격시험 답안지

주관: (사)한자교육진흥회
시행: 한국한자실력평가원

준3급~6급 응시자용

주관식 답안란

문항	주관식 답안란	채점
31		○
32		○
33		○
34		○
35		○
36		○
37		○
38		○
39		○
40		○
41		○
42		○
43		○
44		○
45		○
46		○
47		○
48		○
49		○
50		○

※ 주관식 51 ~ 100번 답안란은 뒷면에 있음.

객관식 답안란

1	① ② ③ ④	16	① ② ③ ④
2	① ② ③ ④	17	① ② ③ ④
3	① ② ③ ④	18	① ② ③ ④
4	① ② ③ ④	19	① ② ③ ④
5	① ② ③ ④	**20**	① ② ③ ④
6	① ② ③ ④	21	① ② ③ ④
7	① ② ③ ④	22	① ② ③ ④
8	① ② ③ ④	23	① ② ③ ④
9	① ② ③ ④	24	① ② ③ ④
10	① ② ③ ④	**25**	① ② ③ ④
11	① ② ③ ④	26	① ② ③ ④
12	① ② ③ ④	27	① ② ③ ④
13	① ② ③ ④	28	① ② ③ ④
14	① ② ③ ④	29	① ② ③ ④
15	① ② ③ ④	**30**	① ② ③ ④

※ 답안지 작성요령

▲ 바른표기 예: ●
▲ 틀린표기 예: ⊙ ⊗

1. 객관식 답은 해당번호에 검정색 펜으로 표기
2. 객관식 답을 수정할 때는 수정테이프를 사용
3. 주관식 답을 수정할 때는 두줄로 긋고 작성
4. 본 답안지를 구기거나 훼손하지 마시오.

응시 등급
- 준3급
- 4급
- 준4급
- 5급
- 준5급
- 6급

회차 / 회 / 제
감독관 확인 (서명)
성명

수험번호
생년월일
채점위원확인란 (응시자표기금지)
(초검) (재검)

※ 응시자는 채점란의 ○표에 표기하지 마시오.

문항	주관식 답안란	채점
51		○
52		○
53		○
54		○
55		○
56		○
57		○
58		○
59		○
60		○
61		○
62		○
63		○
64		○
65		○
66		○
67		○
68		○
69		○
70		○
71		○
72		○
73		○
74		○
75		○
76		○
77		○
78		○
79		○
80		○
81		○
82		○
83		○
84		○
85		○
86		○
87		○
88		○
89		○
90		○
91		○
92		○
93		○
94		○
95		○
96		○
97		○
98		○
99		○
100		○